Anna Hettegg

Traumleben: Die Route wird berechnet

Wie du deine Träume verwirklichst

Sämtliche Angaben in diesem Buch erfolgen trotz sorgfältiger Recherche und Bearbeitung ohne Gewähr. Alle im Text enthaltenen Links konnten nur bis zur Veröffentlichung des Buches geprüft werden. Auf eine spätere Veränderung hat die Herausgeberin keinen Einfluss. Eine Haftung der Autorin bzw. der Herausgeberin ist daher ausgeschlossen.

In diesem Buch wird, für eine bessere Lesbarkeit, auf eine genderneutrale Sprache verzichtet und abwechselnd die weibliche oder männliche Form verwendet. Wenn nicht speziell auf Anderes hingewiesen wird, gilt die jeweilige verwendete Form immer für beide Geschlechter.

1. Auflage

ISBN: 9781691026753
Independently published

Webseite: https://roadtrip-leben.com
E-Mail Adresse: anna.h@roadtrip-leben.com
Herausgeberin: Anna Hettegger
Druck & Bindung: Amazon, kindle direct publishing

INHALT

EINLEITUNG

Du träumst schon länger davon, etwas in deinem Leben zu verändern? Du möchtest zum Beispiel endlich die Liebe deines Lebens finden, deinen Job wechseln, dich selbstständig machen, ein bisschen abnehmen oder ein paar Euro mehr auf dem Konto haben? Oder bist du einfach unzufrieden und hast das Gefühl, dass da draußen noch so viel mehr auf dich wartet als das, was derzeit in deinem Leben ist? Herzlichen Glückwunsch, dann hältst du genau das richtige Buch in den Händen!

Jeder Mensch hat oder hatte irgendwann im Leben Träume und Ziele. Als Kind lassen wir diesen Träumen noch freien Lauf: Auf den Mond zu fliegen, unsichtbar zu sein, zaubern zu können, im Zirkus aufzutreten... All das erschien uns irgendwann als vollkommen legitim oder zumindest nicht gänzlich unmöglich, oder? Doch je älter wir werden, desto häufiger hören wir, dass wir doch „realistisch" sein sollen oder dass „aus Träumen ohnehin nichts wird". Na gut, vielleicht waren manche unserer Kindheitsträume wirklich nicht besonders realistisch... Aber viele davon waren es – und wurden trotzdem von unserem Umfeld schlechtgeredet.

Wir alle werden geprägt von der Gesellschaft, in der wir aufwachsen. Leider leben wir heutzutage jedoch in einer Gesellschaft, welche verlernt hat, groß zu träumen. Viel zu viele Menschen glauben, der Sinn des Erwachsenenlebens besteht darin, einen Job zu finden, welcher die Miete und Rechnungen bezahlt. Und auch den Traum davon, die große Liebe zu finden, begraben viele Leute irgendwann, nachdem sie vielleicht einige Enttäuschungen in Sachen Beziehung erleben mussten. Stattdessen hören sie eines Tages einfach auf ihr Umfeld, das ihnen sagt, sie würden nie jemanden finden, wenn sie weiterhin so hohe Ansprüche hätten, und heiraten eine Person, welche „ganz okay" ist. Gleichzeitig geben sie sich mit einem Job zufrieden, der „ganz okay" ist und tun das, was die Gesellschaft so von ihnen verlangt. Ihre Abende verbringen sie vor dem Fernseher, und das Geld, das sie verdienen, wird rasch immer wieder für neue Unterhaltungsgegenstände, den nächsten Kick oder eine Woche All-Inclusive-Urlaub am Strand ausgegeben. Zwischendurch träumen diese Menschen vielleicht davon, einmal kurz aus diesem Leben auszubrechen: Eine Weltreise zu machen, mit einem Oneway-Ticket nach Australien zu fliegen oder mit dem VW-Bus die Westküste der USA entlangzufahren. Doch dieser Gedanke taucht meist nur ganz kurz in ihrem Kopf auf und wird dann schnell wieder beiseitegeschoben.

Wenn du dieses Buch liest, bist du keiner von diesen Menschen. Allein die Tatsache, dass du ein Buch mit dem Titel „Traumleben: Die Route wird berechnet" gekauft hast, zeigt, dass du mehr willst vom Leben. Du bist hungrig danach, etwas aus deinem Leben zu machen und hast große Träume. Du weißt, dass du etwas erreichen willst – auch wenn du vielleicht noch nicht so genau weißt, was das ist oder wie du das anstellen sollst.

Dieses Buch wird dir dabei helfen, herauszufinden, was du wirklich im Leben möchtest. Es wird dich dabei unterstützen, deine Träume zu erkennen und zu verwirklichen und dir den Anstoß dazu geben, wieder die Verantwortung für dein Leben zu übernehmen. Dabei ist das Buch nicht nur als einmalige Lektüre gedacht, sondern soll dir als dauerhafter Ratgeber dienen, den du immer wieder hervorholen kannst, wenn deine Träume im Alltag mal in Vergessenheit geraten sind oder du aus irgendeinem anderen Grund das Gefühl hast, es sei wieder Zeit für ein bisschen Nachhilfe, wie du dein Leben selbst in die Hand zu nehmen kannst.

Für einen besseren Lesefluss ist das Buch in drei Teile gegliedert: Im ersten Teil werden wir unter die Lupe nehmen, was dich bisher davon abhält, deine Träume zu leben. Darin wird die Theorie erläutert für den zweiten Teil des Buches, in welchem wir uns anschauen werden, wie du all die Hindernisse, die du selbst zwischen dir und deinen Träumen platziert hast, aus dem Weg räumen kannst. Ich habe den ersten Teil bewusst möglichst kurz gehalten, da es hier wenig Handlungsimpulse gibt und ich mit diesem Buch keinen wissenschaftlichen Wälzer schreiben wollte, sondern dir praktische Methoden mitgeben möchte, deren Anwendung dein Leben verändert. Damit du jedoch den Nutzen und die Magie der Tools aus Teil II verstehen kannst, ist es notwendig, erst ein wenig Theorie darüber zu lernen, was dich bisher noch zurückhält. Ich empfehle dir daher, dieses Kapitel nicht zu überspringen, sondern es einfach zu lesen und als Hintergrundwissen für den nächsten Teil dieses Buches mitzunehmen, in dem wir dann gemeinsam aktiv werden und die ersten Schritte zur Umsetzung deiner Träume unternehmen. Denn im zweiten Teil drehen wir das Ganze um und gehen darauf ein, was dich voranbringt und dir dabei hilft, dein Leben nach deinen Wünschen und Vorstellungen zu gestalten. Darin verrate ich dir meine ganz persönlichen Tools und Methoden, um deine Träume Realität werden zu lassen.

Der zweite Teil ist das Herzstück dieses Buches, da du dort ganz konkrete Tipps bekommst, deren regelmäßige Anwendung den entscheidenden Unterschied in deinem Leben machen kann. Dabei muss nicht jede Methode etwas für dich sein: Jeder Mensch ist anders und muss seinen ganz persönlichen Weg und seine eigenen Methoden finden, welche ihn voranbringen. Ich kann dir dabei nur möglichst viele verschiedene Techniken aufzeigen und meine Erfahrungen mit dir teilen – du allein entscheidest, was davon sich für dich stimmig anfühlt und was du gerne selbst ausprobieren möchtest. Du kannst dir das wie einen Werkzeugkoffer vorstellen, aus welchem du die für dich passenden Tools auswählst und verwendest. Manche Werkzeuge wirst du vielleicht gar nicht erst anrühren, andere wiederum wirst du ein paar Mal ausprobieren, aber nicht so recht damit klarkommen, und wieder andere wirst du ab sofort täglich in die Hand nehmen. Das sind die Tools, die dein Leben verändern werden. Denn Veränderung passiert nicht von heute auf morgen, sondern ist ein Prozess, der aus vielen kleinen, regelmäßigen Schritten besteht. Doch du kannst jederzeit den ersten Schritt machen und die Reise beginnen.

Wird dieses Buch all deine Probleme für dich lösen? Sicher nicht. Das kann kein Buch auf der ganzen Welt. Ein Buch kann Wissen vermitteln und dich, wenn es gut ist, sogar dazu motivieren, etwas auszuprobieren oder über etwas nachzudenken. Doch dann kommt es darauf an, dass du selbst aktiv wirst und das neu erworbene Wissen auf dein eigenes Leben überträgst und anwendest. Denn Wissen alleine bringt dich nicht weiter – nur angewandtes Wissen ist Macht! Genau deshalb geht es im dritten Teil des Buches darum, wie du in die Umsetzung kommst. Denn ich kann dir alles beibringen, was ich weiß, was mir bisher dabei geholfen hat, meine Träume zu verwirklichen und mich immer noch auf meinem Weg begleitet. Am Ende ist es aber ganz allein deine Entscheidung, was du mit dieser Information anstellst.

Um dir das Machen zu erleichtern, bekommst du das gesamte Buch über immer wieder Handlungsimpulse. Ich würde dir empfehlen, diese auch zu nutzen und die Übungen, die du in diesem Buch findest, nicht nur zu überfliegen, sondern auch anzuwenden. Und zwar schriftlich – nicht nur „im Kopf". Denn was du handschriftlich niederschreibst bleibt nicht nur länger im Gedächtnis, sondern verhindert auch, dass du dich an einer Übung einmal einfach so vorbei schummelst.

Doch genug gequatscht, nun stürzen wir uns direkt in den ersten Teil des Buches: Der Teil, der dir verrät, was dich bisher noch davon abhält, dein Traumleben zu leben. Bist du bereit?

PART I - WAS DICH ZURÜCKHÄLT

Stell dir einen Vogel vor, der frei und mühelos durch die Lüfte schwebt – leicht wie eine Feder. Was würde passieren, wenn du diesem Vogel einen riesigen, schweren Stein um den Hals binden würdest? Ziemlich sicher würde er nicht mehr so mühelos fliegen können, weil er von dem Stein in Richtung Boden gezogen würde. Je nachdem, wie schwer der Stein ist, würde es ihm vielleicht nicht einmal gelingen abzuheben. Genauso verhält es sich mit deinem Leben: Wenn du deine Träume zur Realität machen und richtig abheben möchtest, musst du alle Steine, die dich runterziehen, zurücklassen.

Ich bitte dich, eine kurze Übung zu machen. Nimm ein Notizbuch oder einfach einen leeren Zettel und Stift zur Hand, leg dieses Buch für einen Moment zur Seite und schreibe all die Pläne und Träume auf, die du irgendwann in deinem Leben hattest, aber noch nicht umgesetzt oder verwirklicht hast. Du hast dafür fünf Minuten Zeit. Los geht's!

Fertig? Und, wie viele Dinge stehen nun auf deinem Zettel? Viel zu viele? Damit bist du nicht alleine! Den meisten Menschen fallen auf Anhieb mehr als eine Handvoll Träume und Pläne ein, welche sie irgendwann einmal hatten, aber nie verwirklicht haben. Die Frage ist nur: Wieso haben sie diese nie umgesetzt? Was hält sie davon ab, ihre Träume zu verwirklichen und tatsächlich ins Handeln zu kommen? Was sind die Steine, die sie am Fliegen hindern? Mit genau dieser Frage beschäftigen wir uns im ersten Teil dieses Buches.

Gemeinsam schauen wir uns an, was uns Menschen davon abhält, unsere Träume zur Realität werden zu lassen. Meist sind es nämlich Muster oder Verhaltensweisen, die wir schon sehr lange in uns tragen, welche uns aber gar nicht bewusst sind. Alleine dadurch, dass wir sie nun durchleuchten, kann es sein, dass dir ein Licht aufgeht und dir bewusst wird, was dich bisher davon abgehalten hat, so richtig abzuheben. Denn nur wer erkannt hat, welche Steine ihn runterziehen, kann sie abwerfen.

ÄNGSTE

„Das Einzige, was wir zu fürchten haben, ist die Furcht selbst" – Franklin D. Roosevelt

Jeder Mensch kennt das Gefühl der Angst: Plötzlich beginnt unser Herz schneller zu schlagen, wir haben das Gefühl, nicht mehr richtig atmen zu können und bekommen einen Schweißausbruch. Grundsätzlich ist Angst keine schlechte Emotion, im Gegenteil: Sie hat eine ganz wichtige Schutzfunktion und soll uns davor bewahren, uns in eine Gefahr zu begeben, welche Verletzung oder sogar den Tod zur Folge haben könnte. Auch Tiere haben diesen Instinkt der Angst, jedoch gibt es zwei grundlegende Unterschiede zwischen uns Menschen und Tieren: Ein Tier ist nur dann ängstlich, wenn es sich auch wirklich in einer scheinbar lebensbedrohlichen Situation befindet, beispielsweise wenn es von einem Feind gejagt wird oder über einem Abgrund hängt. Wir Menschen jedoch verspüren Angst häufig auch in eigentlich harmlosen Situationen, in denen keine Gefahr für Leib und Leben herrscht: Wir haben zum Beispiel Angst davor, eine Präsentation vor vielen Menschen zu halten oder unseren Traummann oder unsere Traumfrau anzusprechen. Viele unserer Ängste beziehen sich auch auf die Zukunft und auf Ereignisse, die so vielleicht nie eintreffen werden: Wenn wir zum Beispiel fürchten, dass wir irgendwann unseren Job verlieren könnten und uns das Geld ausgehen wird oder dass einem geliebten Menschen etwas zustoßen könnte.

So divers unsere Ängste auch sind – viele basieren auf einer ganz bestimmten Grundangst. Beispiele für eine Grundangst, welche die meisten Menschen haben, ist die Angst vor Ablehnung und davor, nicht gut genug zu sein. Weitere Grundängste wären die Angst vor dem Tod, dem Ungewissen oder davor, seine Komfortzone zu verlassen. Nicht immer ist uns die Grundangst hinter unseren verschiedenen Ängsten bewusst.

Diese Ängste haben jedoch nichts mehr mit unserem Instinkt zu tun, der uns davor abhalten sollte, uns in lebensgefährliche Situationen zu bringen: Die meisten unserer täglichen Ängste sind nicht mehr biologisch bedingt, sondern erlernt. Für ein Baby ist die Angst vor sozialer Ablehnung vielleicht noch bedrohlich, da es sich nicht selbst versorgen kann, sollte es von seinen Bezugspersonen zurückgelassen werden – doch wir Erwachsene sind sehr wohl in der Lage, uns alleine durchzuschlagen. Auch die Angst davor, irgendwann zu sterben oder eine nahestehende Person an den Tod zu verlieren, ist rational gesehen nutzlos: Wir wissen ja, dass wir alle irgendwann sterben – diese Tatsache lässt sich auch nicht ändern, indem wir Angst vor dem Tod haben, auch wenn wir uns gerade in keiner lebensbedrohlichen Lage befinden. Unser Körper kann jedoch nicht zwischen biologischen, „berechtigten" Ängsten und den irrationalen Ängsten, die wir täglich haben, unterscheiden. Für ihn bedeutet jegliche Art von Angst Stress, der automatisch zu einer physiologischen Reaktion führt. Dadurch, dass wir Menschen heutzutage so viele Ängste haben, versetzen wir unseren Körper in Dauerstress, was weder hilfreich noch gesund ist. Außerdem verbrauchen Ängste unglaublich viel unserer Energie: Dadurch, dass sich unser Kopf ständig mit dem Thema, vor dem wir Angst haben, beschäftigt, bleibt weniger Kapazität für andere Gedanken. Durch die Tatsache, dass unser Körper im Dauerstess und somit ständig im Kampf- oder Fluchtmodus ist, der bei Ängsten automatisch aktiviert wird, bleibt auch nicht mehr so viel Zeit und Energie für die Verwirklichung unserer Träume übrig.

Doch der zweite und viel schwerwiegendere Grund, wieso Ängste uns zurückhalten, ist Folgender: Gewisse Ängste, wie die Angst vor Ablehnung oder davor, nicht gut genug zu sein, halten uns davon ab, unsere Träume zu realisieren. Wenn wir wirklich große Träume haben, liegt der Weg zu ihrer Erfüllung meist ziemlich weit außerhalb unserer Komfortzone und nicht selten auch weit weg von dem, was der Durchschnitt unserer Gesellschaft so täglich macht. Wer jedoch Angst davor hat, von anderen Menschen abgelehnt zu werden, wird sich hüten, sich freiwillig in einen Bereich zu begeben, in dem er etwas falsch machen und von anderen Menschen kritisiert werden könnte: Er wird es nicht riskieren, gegen den Strom zu schwimmen, sondern lässt sich von seinen Ängsten davon abhalten, seine Komfortzone zu verlassen und seinen Träumen zu folgen. Tatsächlich ist die Angst davor, nicht gut genug zu sein, wahrscheinlich der Hauptgrund dafür, dass du noch nicht damit begonnen hast, deine Träume umzusetzen und somit noch nicht das Leben lebst, das du dir erträumt hast. Doch hast du dies erst einmal erkannt, hast du bereits den Anfang gemacht, um die Ängste, die dich bisher noch von deinem Traumleben abhalten, zu überwinden. Denn die Bewusstmachung dessen, was uns zurückhält, ist der erste Schritt dafür, es aus dem Weg zu räumen. In Teil II dieses Buches gehen wir dann den nächsten Schritt: Du wirst erfahren, wie du deine eigenen Ängste erkennen und überwinden kannst. Bis dahin haben wir jedoch noch ein ganzes Stück Arbeit vor uns. Nur so viel sei an dieser Stelle schon verraten: Der einzige mir bekannte Weg, der wirklich funktioniert um Ängste loszuwerden, ist die sogenannte Konfrontationstherapie: Du musst dich deinen Ängsten stellen und durch die Angst durch, um sie zu überwinden. Das werden wir im Kapitel über Mut üben.

DEINE GEDANKEN UND WORTE

„Wir sind, was wir denken. Alles, was wir sind, entsteht aus unseren Gedanken. Mit unseren Gedanken formen wir die Welt." – Buddha

Was haben Marc Aurel, Konfuzius und Buddha gemeinsam? Sie alle waren davon überzeugt, dass unsere Gedanken maßgeblich unser Leben beeinflussen. Konfuzius beispielsweise soll gesagt haben: *„Wenn ich einen Satz auswählen sollte, um meine ganze Lehre zusammenzufassen, würde ich sagen: Lass nichts Böses in deinen Gedanken sein"*. Marc Aurel wird der Satz *„Das Glück deines Lebens hängt von der Beschaffenheit deiner Gedanken ab"* zugeschrieben, und Buddha soll des Öfteren Sätze wie *„Du wirst morgen sein was du heute denkst"* von sich gegeben haben.

Auch die meisten spirituellen Lehrer unserer Zeit sowie bekannte Speaker und Motivationsredner aus der Persönlichkeitsentwicklungsszene sind sich einig: Unsere Gedanken erschaffen unsere Realität. Erklärungen dafür gibt es viele plausible – sowohl psychologisch erklärbar, als auch spirituell. Was wohl für die meisten Menschen nachvollziehbar ist: Jeder Gedanke erzeugt ein gewisses Gefühl in uns, und dieses Gefühl wiederum bringt uns dazu, auf eine bestimmte Art und Weise zu handeln. Diese Handlungen führen schlussendlich zu den Ereignissen in unserem Leben. Auch in der Medizin wurde bereits nachgewiesen, dass unsere Gedanken uns maßgeblich beeinflussen können: Gegen bestimmte Krankheiten können Medikamente ohne Wirkstoff Patienten in vielen Fällen genauso gut helfen wie Medikamente mit Wirkstoff – solange der Patient davon ausgeht, ein richtiges Medikament mit Wirkstoff zu nehmen und davon überzeugt ist, dass ihn dieses heilt. Dieses Phänomen wird Placeboeffekt genannt. Unsere Gedanken sind also so mächtig, dass sie sogar unseren Körper beeinflussen können! Wäre es da nicht sehr hilfreich, wenn wir ab sofort nur noch positive Gedanken hätten, welche uns unserem Traumleben näherbringen?

Leider ist das für die meisten von uns gar nicht so einfach. Wir haben in etwa 60.000 Gedanken täglich.[1] Bei dieser Fülle leuchtet es ein, dass nicht alle davon unbedingt positiv sind. Im Gegenteil: Viele der Gedanken, die uns täglich durch den Kopf gehen, sind in Wahrheit selbstsabotierend und negativ. Zum Glück für alle, die im Streit schon einmal Mordgelüste hatten und diese sofort wieder bereut haben, werden nicht alle unsere Gedanken, die wir Tag für Tag haben, sofort zur Realität. Das würde bei all den widersprüchlichen Impulsen in unserem Kopf vermutlich ein ziemliches Chaos verursachen. Stattdessen werden unsere Gedanken nach ihrer Häufigkeit sortiert und diejenigen, die am öftesten vorkommen, priorisiert. Bildlich kannst du dir das wie diese Schlagwortwolken als Brainstormingmethode vorstellen, bei der verschiedene Personen alles, was ihnen zu einem Thema einfällt, in ein Programm eingeben können, das die Begriffe dann automatisch zusammenfasst. Worte, die sich doppeln, werden zusammengefasst: Je häufiger ein Begriff genannt wurde, umso größer erscheint das Wort dann in der Schlagwortwolke, da es sich dabei offensichtlich um ein wichtiges Wort handeln muss. Durch diese optische Hervorhebung stechen die großen Begriffe dem Betrachter der Schlagwortwolke dann als erstes ins Auge. Genauso verhält es sich mit deinen Gedanken: Das, woran du am häufigsten denkst, rückt in den Vordergrund, also in den Fokus deiner Aufmerksamkeit. Dadurch wirst du auch deine Entscheidungen unbewusst nach diesem Gedanken

[1] Rhonda Byrne: The Secret – das Geheimnis

ausrichten, wodurch sich deine Realität anpasst. Wie Tony Robbins sagt: „*Where focus goes, energy flows*".

Einzelne negative oder nicht auf dein Ziel ausgerichtete Gedanken sind also kein Problem – häufig wiederkehrende negative oder nicht zielführende Gedanken jedoch sehr wohl.

Vielleicht kommt dir einer der folgenden Sätze bekannt vor: „Das schaffe ich nicht", „ich bin hässlich", „ich habe nicht genug Geld dafür", „mein Job ist doof", „irgendwann wird er dahinterkommen, dass er jemand viel Besseres haben kann"… Jeder von uns hat hin und wieder Gedanken dieser Art. Doch wenn du weißt, dass deine Gedanken deine Realität erschaffen – wäre es dann nicht geschickter, diese Gedanken durch positive Gedanken, wie zum Beispiel„ich schaff das", „ich bin schön", „ich habe genug Geld", „ich mag meinen Job", oder „wir passen perfekt zueinander und wir wissen das beide" zu ersetzen? Im zweiten Teil dieses Buches, genauer gesagt im Kapitel über Mindset, werden wir genau das machen: negative Gedanken in positive verwandeln.

Fassen wir unsere Gedanken in Worte, wirken sie sich sogar noch stärker auf unser Leben aus: Denn etwas laut auszusprechen ist für unser Gehirn ein Zeichen dafür, dass uns etwas wichtig ist, wodurch der Gedanke in der Schlagwortwolke fetter wird und damit in der Prioritätenliste zur Umsetzung weiter nach oben rutscht. Daher sollten wir besonders achtsam sein, wie wir über andere und vor allem auch über uns selbst sprechen – was jedoch nur die wenigsten Leute machen. Wer kennt sie nicht, diese Menschen, die den ganzen Tag nur damit beschäftigt sind sich über das Wetter, die Nachbarn und die „Jugend von heute" aufzuregen? Oder Leute, die sich ständig darüber beklagen, dass sie nicht genug verdienen, von niemandem gemocht werden und obendrein noch bloß beim Ansehen eines Stück Kuchens zunehmen? Ganz offensichtlich wissen diese Menschen nichts davon, dass ihre Gedanken und Worte ihre Realität erschaffen…

Zusammenfassend halten wir also noch einmal fest: Jedem Menschen geschieht nach seinem Glauben. Wenn du glaubst, dass du ein Spielball des Lebens bist und nichts an deinen

Umständen ändern kannst, dann wird das auch so sein. Wenn du jedoch daran glaubst, dass du mit deinen Gedanken deine Wirklichkeit erschaffen kannst und dich bewusst dafür entscheidest, dein Leben in die Hand zu nehmen und deine Träume zu verwirklichen, dann wird genau das passieren. Dann kannst du deine Gedanken und Worte dafür nutzen, dein Traumleben zu erschaffen, anstatt dich selbst, ohne dir darüber im Klaren zu sein, durch negative Gedanken und Worte zu sabotieren.

UNBEWUSSTE NEGATIVE GLAUBENSSÄTZE

„Bis du dem Unbewussten bewusst wirst, wird es dein Leben steuern und du wirst es Schicksal nennen" – Carl Gustav Jung

Im letzten Kapitel hast du gelernt, dass deine Gedanken und Worte von enormer Bedeutung sind. Doch hast du wirklich verstanden, wie stark sie dein Leben und all das, was in deinem Umfeld passiert, beeinflussen? Wenn ja, dann wirst du ab sofort viel bewusster darauf achten, nur das zu denken und aussprechen, wovon du auch wirklich möchtest, dass es geschieht. Denn, wie Dr. Joe Dispenza in seinem Buch „Ein neues Ich" schreibt: *„Wenn wir wirklich davon überzeugt wären, dass unsere Gedanken in unserem Leben konkrete Auswirkungen haben, würden wir uns dann nicht sehr bemühen, nie wieder etwas zu denken, das wir nicht erleben möchten?"*[2]

Angenommen, du nimmst das wirklich ernst und hast die beste Absicht, ab sofort nur noch positiv zu denken: Vielleicht gelingt es dir nicht sofort, nur noch das Positive zu sehen, doch du wirst jeden Tag besser darin. Dein Umfeld kann es kaum glauben, wie stark du dich verändert hast – bist du doch plötzlich vom absoluten Pessimisten, dessen Glas immer halbleer war, zum totalen Optimisten geworden, der in jeder Situation nur das Gute sieht! Und trotzdem ändert sich rein gar nichts in deinem Leben. Im Job hast du noch immer keine

[2] Dr. Joe Dispenza: Ein neues Ich

Gehaltserhöhung bekommen, obwohl du dir täglich ganz sicher bist, dass heute im Laufe des Tages die Tür zum Büro aufgeht und dein Chef dich um ein Gespräch bittet – und single bist du auch noch, obwohl du im Grunde genommen gerne wieder eine Beziehung hättest und weißt, dass dein Traummann oder deine Traumfrau schon um die Ecke auf dich wartet. Doch wie kann es sein, dass sich deine Lebensumstände trotzdem nicht ändern, obwohl du nur noch Positives denkst und aussprichst?

Ganz einfach: Weil positive Gedanken und Worte alleine nicht genug sind. Diese Antwort mag dich im ersten Moment vielleicht etwas entmutigen. Vielleicht fragst du dich nun „Wieso habe ich mich dann überhaupt erst bemüht, nur noch positiv zu denken?"

Lass es mich kurz erklären. Um deine Gedanken und Worte zu kontrollieren, müssen sie dir erst einmal bewusst sein. Tatsächlich aber sind uns ein Großteil der Gedanken, die wir täglich haben, gar nicht bewusst. Die Erklärung dazu: Unsere Psyche besteht aus zwei Teilen – dem Bewusstsein und dem Unterbewusstsein. Wenn du dir vornimmst positiv zu denken und das auch durchziehst, hast du erfolgreich dein Bewusstsein unter Kontrolle. Wenn negative Gedanken oder Worte hochkommen, kannst du sie sofort in positive umwandeln. Allerdings läuft nur ein ganz kleiner Teil unseres Denkens bewusst ab – der größte Teil davon geschieht unterbewusst. Experten schätzen, dass unser Unterbewusstsein rund 95% ausmacht[3] – also viel, viel mehr als unser Bewusstsein. Das heißt also: Auch wenn du bewusst positiv eingestellt bist, kannst du nur ungefähr 5% deiner Gedanken beeinflussen. Die anderen 95% steuert dein Unterbewusstsein. Du kannst ruhig eine neue, positive Denkweise haben – wenn dein Unterbewusstsein weiterhin negativ denkt, wirst du noch immer die gleichen Ergebnisse in deinem Leben sehen. Du kannst dir das wie bei einer demokratischen Abstimmung

---

[3] https://energetic-eternity.de/das-unterbewusstsein/

vorstellen: Wenn 5 Personen mit „ja“ stimmen, aber 95 Personen mit „nein“, wird die Sache nicht umgesetzt werden.

Warst du bisher ein eher negativer Mensch, ist es sehr wahrscheinlich, dass dein Unterbewusstsein ebenfalls auf Negativität programmiert ist. Das ist der Grund, wieso du trotz deiner neuen, bewusst positiven Einstellung und Verhaltensweise keine Veränderungen in deinem Leben erzielst.

Übersetzt heißt das: Um unsere Verhaltensweisen und damit unsere Lebensumstände und Ergebnisse zu beeinflussen, reicht es nicht, eine bewusste Entscheidung zu treffen. Vielmehr müssen wir auch unser Unterbewusstsein überzeugen. Dafür müssen wir jedoch als allerestes verstehen, wie dieses funktioniert und welchen Zweck es überhaupt erfüllt.

Eine Hauptfunktion des Unterbewusstseins ist unser Schutz und der Umgang mit den unzähligen Eindrücken, die in jedem einzelnen Augenblick auf unsere Sinnesorgane einprasseln: All die Farben, Geräusche, Bilder, Gerüche und anderen Reize, die stets auf uns einströmen und die wir gar nicht alle bewusst wahrnehmen können. Um uns nicht zu überfordern, verarbeitet unsere Psyche den Großteil davon unbewusst und lässt nur einen ganz geringen Anteil in unser Bewusstsein durch. Tatsächlich liegt unser Unterbewusstsein allen unseren Entscheidungen zugrunde. Auch wenn wir glauben, uns im Geschäft bewusst für ein Kleid entschieden zu haben, hat unser Unterbewusstsein in Wahrheit längst schon eine Entscheidung getroffen und sie an uns weitergegeben – unser Bewusstsein versucht nur noch sie mit rationalen Gründen zu hinterlegen. Die meiste Zeit glauben wir also, dass uns unser Bewusstsein steuert – wobei in Wahrheit das Unterbewusstsein dahinter die Fäden in der Hand hat. Wenn akute Gefahr droht, kann unser Unterbewusstsein sogar für kurze Zeit direkt übernehmen und das Bewusstsein übergehen. Dann handeln wir, ohne eine Erklärung dafür zu haben. Wenn ein Feuerwehrmann beispielsweise Sekunden vor dem Einsturz ein Haus verlässt, nennen wir das oft „Intuition“ oder

„Glück“ – in Wahrheit hat sein Unterbewusstsein aber bereits das Nachgeben der Mauern wahrgenommen und ihm, ohne dass Zeit blieb, es ihm ins Bewusstsein zu rufen und eine Begründung dafür zu suchen, zu verstehen gegeben, das Haus sofort zu verlassen.

Ein weiteres anschauliches Beispiel für die Arbeit unseres Unterbewusstseins ist das Autofahren. Erinnerst du dich noch an deine erste Fahrstunde? Wie überfordert du damit warst, Gas zu geben, zu schalten, zu lenken, die Geschwindigkeitsbegrenzung einzuhalten, hin und wieder einen Blick in den Rückspiegel zu werfen und gleichzeitig auf den Straßenverkehr, sowie die anderen Verkehrsteilnehmer, zu achten und die Verkehrsschilder nicht zu übersehen? Heute fallen dir diese Dinge sehr leicht, sodass du beim Fahren ohne Probleme auch noch Musik hören oder dich mit deinem Beifahrer unterhalten kannst, oder? Der Ablauf des Autofahrens inklusive Schalten, Abbiegen und Bremsen ist in dein Unterbewusstsein übergegangen, sodass du dich nicht mehr darauf konzentrieren musst. Unser Unterbewusstsein hat also die Funktion, uns das Leben zu erleichtern, indem es bestimmte Handlungen und Verhaltensweisen erlernt und einprogrammiert. Dies macht es ständig, ohne dass wir es bemerken. Wenn du zum Beispiel als Kind von einem Hund gebissen wurdest, lernt dein Unterbewusstsein, dass Hunde gefährlich sind und Schmerzen verursachen können. Das nächste Mal, wenn du einen Hund siehst, meldet es daher automatisch „Gefahr“, wodurch sich in dir ein Gefühl der Angst breit macht, möglicherweise ohne dass du das mit dem Hundebiss von damals in Verbindung bringst. Denn unser Unterbewusstsein speichert jede Erfahrung ab und zieht daraus Konsequenzen für die Zukunft, ohne dass uns immer bewusst ist, wieso wir uns in einer Situation auf eine bestimmte Art und Weise verhalten. Wenn du einmal eine schlechte Erfahrung mit einem Hund gemacht hast, lernt dein Unterbewusstsein: „Hunde sind böse.“ Wenn auf die negative Erfahrung nicht bald eine positive folgt, wird sich dieser Satz in deinem Unterbewusstsein als Wahrheit verankern, an die es ab sofort glaubt. Wir nennen dies dann einen unbewussten Glaubenssatz. Jeder von uns hat diese unbewussten Glaubenssätze, die sowohl positiv als auch negativ sein können. Die Summe unserer unbewussten Glaubenssätze bestimmt maßgeblich unsere Handlungen und Reaktionen. Das Gemeine ist jedoch: Da diese unbewussten Glaubenssätze, wie der Name schon sagt, unbewusst sind, wissen wir meist gar nicht, wieso wir auf eine bestimmte Art und Weise reagieren. Oftmals empfinden wir unser Verhalten, wenn wir später darüber nachdenken, selbst nicht als besonders schlau und können uns auch nicht erklären, wieso wir so gehandelt haben. In vielen Fällen sabotieren wir uns mit unseren unbewussten Glaubenssätzen sogar selbst. Viele Menschen haben zum Beispiel den unbewussten negativen Glaubenssatz „Ich bin nicht gut genug." Ihr Unterbewusstsein denkt ständig, dass sie nicht schlau, fleißig, hübsch oder was auch immer genug seien, um etwas zu erreichen. Vielleicht sehnen sich diese Menschen nach einer harmonischen Beziehung oder einem besser bezahlten Job, aber insgeheim glauben sie, dass sie das gar nicht verdient haben. Wie wir anfangs gelernt haben, bestimmt unser Unterbewusstsein zu rund 95% unsere Ergebnisse im Leben. Was glaubst du also wird passieren? Werden diese Personen in nächster Zeit in einer harmonischen Beziehung sein oder einen Job mit höherer Bezahlung bekommen? Genau – mit ziemlich hoher Wahrscheinlichkeit nicht – jedenfalls nicht, solange sie nicht ihren unbewussten Glaubenssatz, nicht gut genug zu sein, aufdecken und verändern.

Wir fassen zusammen: Unser Unterbewusstsein ist dazu da, uns zu schützen und uns das Leben zu erleichtern, indem es gewohnte Handlungsabläufe abspeichert. Was jedoch, wenn wir diese Abläufe gerne abändern möchten, weil neue Gewohnheiten heute für die Erreichung unserer Ziele viel nützlicher wären? Oder wenn wir die Schutzfunktion gar nicht mehr brauchen und unsere negativen Glaubenssätze sogar hinderlich sind?

Die gute Nachricht ist: Genauso, wie unser Unterbewusstsein irgendwann geprägt und programmiert wurde, so können wir es auch wieder neu programmieren. Dafür gibt es eigene Methoden, um unbewusste negative Glaubenssätze, die uns davon abhalten, unsere Träume zu verwirklichen, aufzudecken und zu verändern. Wie das funktioniert, damit beschäftigen wir uns ausführlich im zweiten Teil dieses Buches.

LEBEN IN DER VERGANGENHEIT ODER ZUKUNFT

„Denke daran, dass die Gegenwart alles ist, was du hast. Mache das Jetzt zum Mittelpunkt deines Lebens" – Eckhart Tolle

Nun haben wir bereits deine Ängste, Gedanken und negativen Glaubenssätze als Bremsen auf dem Weg in dein Traumleben identifiziert. Ein weiterer Grund, wieso du noch nicht das Leben lebst, das du gerne leben würdest, kann folgender sein: Du lebst nicht im Hier und Jetzt. Viele Menschen hängen in der Vergangenheit fest oder machen sich ständig Gedanken über ihre Zukunft. Beides ist jedoch nicht hilfreich, wenn du etwas in deinem Leben verändern möchtest. Denn der einzige Moment, in dem du wirklich aktiv etwas anders machen kannst als bisher, ist genau jetzt. Deine Vergangenheit kann hilfreich sein, wenn es darum geht, aus Erfahrungen und Fehlern zu lernen. Doch du kannst deine Vergangenheit nicht mehr verändern: Was geschehen ist, ist geschehen und lässt sich nicht mehr rückgängig machen. Das Gleiche gilt für die Zukunft: Auch sie kannst du nicht direkt beeinflussen, da sie noch nicht gekommen ist. Wer ständig an morgen denkt oder sich um etwas Sorgen macht, das vielleicht passieren könnte, verpasst den Moment, in dem er etwas tun kann, damit genau das, worüber er sich Sorgen macht, nie eintrifft: nämlich jetzt. Klar, hin und wieder ist es notwendig, an die Zukunft zu denken, um Pläne zu machen, sich Ziele zu setzen oder auch einfach nur weit genug vorauszudenken, um auch am nächsten Tag noch Essen auf den Tisch stellen zu können. Doch wenn wir ständig daran denken, was in Zukunft passieren könnte oder sollte, wird das Heute nur so an uns vorbeiziehen. Irgendwann werden wir dann merken, dass wir nie wirklich den Moment gelebt, sondern stets an morgen gedacht haben – obwohl wir das ohnehin nicht beeinflussen können.

Ich bin kein wirklicher Fan des Spruchs „Lebe jeden Tag, als wäre es dein letzter". Wenn ich das heute wirklich ernst nehmen würde, wäre ich morgen wahrscheinlich pleite und/oder im Gefängnis. Aber ich verstehe, was der Urheber dieses Spruchs uns damit sagen wollte: Lebe im Moment, ohne an etwas festzuhalten, das längst schon Geschichte ist, oder dir Gedanken über etwas zu machen, das vielleicht nie eintreffen wird.

PERFEKTIONISMUS

„Der Ehrgeiz ist der größte Feind des Glücks, denn er macht blind"
– Jean-Paul Belmondo

Der letzte Stein, den ich in diesem Teil des Buches besprechen möchte und der mehr Menschen davon abhält, ihre Träume zu verwirklichen, als man es für möglich halten würde, ist: Perfektionismus. Perfektionismus ist der listige Wolf im Schafspelz, hinter dem man auf den ersten Blick gar nichts Böses vermuten würde: Immerhin haben wir schon als Kind brav gelernt: Wenn wir etwas machen, dann am besten gut – und möglichst besser als alle anderen. Unsere Gesellschaft ist nun einmal darauf ausgerichtet, uns ständig aneinander zu messen und noch höher, noch schneller, noch weiter zu zielen, als unser Nachbar. Daher verwundert es auch nicht, dass viele Menschen sehr perfektionistisch veranlagt sind. Wenn wir aber damit anfangen, groß zu träumen, Ideen zu spinnen und verrückte Dinge umzusetzen, dann ist dieser Perfektionismus eher hinderlich als förderlich. Denn Perfektionismus hält uns davon ab, etwas umzusetzen. Wenn wir ständig glauben, alles perfekt machen zu müssen, kommen wir nicht ins Handeln. Ein Beispiel: Du arbeitest gerade an deiner eigenen Webseite, sagen wir einem Reiseblog. Endlich hast du die erste Version fertig – doch dann entdeckst du einen Tippfehler, oder das Bild könnte noch ein wenig weiter nach unten rutschen, und außerdem… So verbringst du nächtelang damit, deinen Reiseblog zu optimieren und verschwendest damit wertvolle Zeit – nämlich die Zeit, in der dein Blog bereits online sein und von Lesern gefunden werden könnte. Außerdem ist es gerade am Anfang sehr hilfreich, Feedback von außen zu deiner Webseite einzuholen – doch dafür muss die Seite erst einmal online sein! Mein Tipp ist daher, so schnell wie möglich mit der ersten Version deines Blogs rauszugehen und diese an ein paar Testpersonen zu schicken – auch, oder vor allem wenn diese noch nicht perfekt ist. Meine Meinung bezüglich Webseiten ist übrigens folgende: Wenn du dich später nicht für die erste Version deiner Seite schämst, bist du zu spät damit online gegangen.

Extreme Perfektionisten stehen sich oft selbst im Weg, indem sie glauben, alles muss perfekt sein, bevor sie ein Produkt, eine Dienstleistung oder eine Webseite launchen. Doch lass mich dir etwas verraten: Deine Idee wird nie perfekt sein. Du wirst immer etwas zum Optimieren finden – ganz einfach, weil du dich selbst weiterentwickelst und jeden Tag besser wirst. Das heißt also, dass du morgen schon wieder einen anderen Blickwinkel auf deine Ergebnisse von heute haben wirst – und daher auch schon wieder etwas zum Verbessern finden wirst. Wenn du also darauf wartest, dass dein erster Entwurf perfekt ist, wirst du ewig warten. Viel besser ist es, wenn du deinen Perfektionismus links liegen lässt und einfach mal beginnst zu handeln. Übertriebener Perfektionismus kann außerdem dazu führen, dass du dich an Details aufhängst, dabei das große Ganze aus den Augen verlierst und somit dein Projekt nie zu Ende bringst. Daher ist mein Tipp ganz klar: Wirf deinen Perfektionismus über Board, verabschiede dich von der Idee, dass alles, was du machst, perfekt sein muss und fang stattdessen einfach an, ins Handeln zu kommen.

PART II - WAS DICH VORANBRINGT

Im ersten Teil des Buches haben wir die Aspekte beleuchtet, die dich davon abhalten, deine Träume zu leben. Nun weißt du also, dass deine Ängste, negative Gedanken, unbewusste Glaubenssätze, ein Leben in der Vergangenheit oder Zukunft und dein Perfektionismus dich daran hindern, heute schon das Leben zu führen, das du gerne möchtest. Doch das Wissen allein darüber, was dich aufhält, bringt dich deinen Träumen auch nicht näher. Dafür ist es notwendig, herauszufinden, was dich voranbringt, damit du genau das in dein Leben integrieren kannst. Jetzt geht es darum, deine jetzige Situation zu ändern und dich dahin zu bewegen, wo du hinwillst.

Im zweiten Teil des Buches widmen wir uns all diesen Aspekten, die dich voranbringen und dir helfen, deine Träume zur Realität zu machen. Denn wenn du weniger davon machst, was dich zurückhält, und stattdessen mehr davon, was dich voranbringt, ist es nur logisch, dass du deinem Traumleben immer näherkommst, oder?

Dabei geht es vor allem darum, deine Ängste zu überwinden und loszugehen, negative Gedanken aufzuspüren und in positive zu verwandeln und dein Unterbewusstsein neu zu programmieren, sodass es nicht mehr das Programm deiner negativen Glaubenssätze abspielt, sondern Dinge glaubt, die dir dabei helfen, deine Ziele zu erreichen. Dafür werden wir zuallererst Klarheit in deine Ziele und Wünsche bringen, damit du überhaupt weißt, was du gerne erreichen möchtest. Danach kümmern wir uns um dein Mindset und stellen sicher, dass du die richtige Einstellung hast, um erfolgreich dein Traumleben zu erschaffen. Zum Abschluss des Kapitels werden wir uns damit beschäftigen, wie du dein Energielevel hochhältst, um täglich mit voller Kraft an deinen Zielen zu arbeiten.

KLARHEIT

„Nur wer weiß, wo er hinsegeln will, setzt die Segel richtig" – Jürg Meier

Bevor wir über irgendwelche Techniken und Methoden sprechen, die dich auf deinem Weg voranbringen, müssen wir erst eine Sache klarstellen: Und zwar, wo du überhaupt hinmöchtest. Denn nur wer weiß, was das Ziel ist, kann auch irgendwann dort ankommen.

Ich erlebe es immer wieder, dass Leute unzufrieden mit ihrem Leben sind. Vor allem über ihren Job beschweren sich viele Menschen immer wieder bei mir – darüber, dass er ihnen keinen Spaß mache und sie spüren, dass das noch nicht das Richtige für sie sei. Wenn ich sie dann aber frage, was sie denn stattdessen machen möchten, höre ich oft: „Keine Ahnung, das ist ja das Problem."

Wenn du zu diesen Menschen gehörst, wirst du in diesem Kapitel einige Methoden und Denkanstöße dazu bekommen, um herauszufinden, was du in deinem Leben erreichen möchtest. Wir werden uns mit deiner Persönlichkeit und deinen Werten beschäftigen, die einzelnen Lebensbereiche, wie zum Beispiel Gesundheit, Beruf oder Beziehungen, beleuchten und definieren, welche davon derzeit in deinem Fokus stehen, sowie gemeinsam Ziele für dein Leben setzen, an deren Erreichung wir das restliche Buch über arbeiten können. Denn der erste Schritt auf dem Weg zur Verwirklichung deiner Träume besteht darin, Klarheit darüber zu erlangen, wie dein Traumleben eigentlich genau aussieht.

Deine Werte kennenlernen

Bestimmt hast du schon einmal von Werten gehört. Jeder Mensch hat seinen ganz persönlichen Wertekompass, nach dem er sein Leben – bewusst und unbewusst – ausrichtet. Unter Werten versteht man moralische Eigenschaften wie beispielsweise Ehrlichkeit, Sicherheit oder Freiheit. Wenn beispielsweise Ehrlichkeit eine große Rolle für dich spielt, wirst du nicht nur deine eigenen Worte und Handlungen danach ausrichten, sondern dich auch lieber mit Menschen umgeben, die ebenfalls nach diesem Wert leben. Für jemanden, der Ehrlichkeit eine große Rolle beimisst, ist angelogen zu werden ein wirklich schwerer Vertrauensbruch, der sogar dazu führen kann, dass er den Kontakt zu dem Lügner in Zukunft vermeidet.

Unsere Entscheidungen werden maßgeblich von unseren Werten beeinflusst, auch wenn wir uns dessen oft nicht bewusst sind. Nicht jeder Mensch hat die gleichen Werte oder gewichtet diese Werte gleich stark. Wenn beispielsweise Sicherheit ein zentraler Wert für dich ist, wirst du vermutlich eine gute Ausbildung anstreben und anschließend versuchen, eine Festanstellung in einem gut situierten Unternehmen zu bekommen. Wenn du hingegen Freiheit als zentralen Wert hast, schreckt dich diese Vorstellung eher ab. Du möchtest dich nicht jetzt schon für die nächsten Jahre deines Lebens festlegen, sondern lieber einen befristeten Job annehmen, vielleicht ein Praktikum machen oder dir erst noch eine kurze Auszeit gönnen und reisen gehen, bevor der „Ernst des Lebens“ beginnt. Die Gewichtung unserer Werte kann sich im Laufe unseres Lebens auch ändern. Ein Schulabgänger wird möglicherweise Freiheit wichtiger bewerten als Sicherheit, während er zehn Jahre später als zweifacher Familienvater anders darüber denken mag. Die meisten Menschen haben aber eine Handvoll zentraler Grundwerte, die sich im Laufe ihres Lebens nicht entscheidend ändern – höchstens deren Gewichtung. Ob persönliche Werte und Moralvorstellungen angeboren oder anerzogen sind, daran scheiden sich die

Geister. Fest steht aber, dass sich zumindest ein großer Teil unserer Werte im Laufe unseres Lebens, besonders während der Kindheit, entwickelt. Dabei kommt es vor allem darauf an, was in unserem Umfeld vorgelebt wird und welche eigenen, besonders prägenden Erfahrungen wir machen. Auch der Kulturkreis, in dem wir aufwachsen, und ob wir nach einer gewissen Religion erzogen werden, bestimmt unseren Wertekompass maßgeblich. Deutschen wird beispielsweise nachgesagt, dass sie besonderen Wert auf Pünktlichkeit und Fleiß legen – wobei es auch hiervon natürlich Ausnahmen gibt.

Deine persönlichen Werte zu kennen ist eine gute Möglichkeit, nicht nur vergangene Entscheidungen zu verstehen, sondern in Zukunft auch bewusst Entscheidungen zu treffen, die im Einklang mit deinen Werten stehen. Vielleicht warst du schon einmal in der Situation, in der du alles in deinem Leben hattest, was du jemals wolltest – aber trotzdem nicht glücklich warst? Oftmals passiert das, wenn wir Entscheidungen hinsichtlich Beruf und Privatleben getroffen haben, welche nicht mit unseren Werten übereinstimmen. Dazu möchte ich dir gerne ein Beispiel aus meinem Leben geben: Ich bin in einem Umfeld aufgewachsen, in dem es völlig normal ist, zur Schule zu gehen, eventuell noch ein Studium dranzuhängen und anschließend einen Job anzunehmen, der einem halbwegs Freude macht und der gut bezahlt ist. Nach ein paar Jahren heiratet man dann, bekommt Kinder und baut ein Haus oder, wenn man sich das nicht leisten kann, kauft sich zumindest eine Eigentumswohnung. Anschließend zahlt man Monat für Monat brav seinen Kredit ab, fährt vielleicht einmal im Jahr auf Urlaub und arbeitet ansonsten fleißig, um das Geld für die Kreditrückzahlung, den Urlaub, den Lebensunterhalt und das Auto zu verdienen. Da ich es nicht anders kannte, dachte ich immer, dass das ebenso mein Leben sein würde. Ich beendete die Schule, machte meinen Bachelor, hing noch einen Master dran und bekam schließlich einen unbefristeten Job, der mir Spaß machte. Eigentlich hätte ich glücklich darüber sein sollen – doch ich war es nicht. Ich erinnere mich ganz genau an diesen einen Moment, in dem ich in meiner Wohnung saß und mir dachte: Und das soll jetzt mein Leben sein? Als nächstes also heiraten, Haus bauen, Kinder bekommen? Was war mit all den Reisen, die ich noch plante? Sollte ich diese in den fünf Wochen Urlaub, die mir pro Jahr blieben, machen? Dann würde ich wohl 200 Jahre alt werden müssen, um alles zu sehen, was ich noch von der Welt sehen wollte… Während viele Bekannte und Freunde in meinem Umfeld glücklich waren, einen unbefristeten Job und damit etwas Sicherheit zu haben, engte mich dieses Wissen ein und schnürte mir die Kehle zu. Heute weiß ich: Das war, weil ich bei meiner Jobauswahl einen zentralen Wert in meinem Leben vernachlässigt habe: Die Freiheit. Doch schon bevor mir dies bewusst wurde, zog ich die Konsequenz daraus und handelte instinktiv wieder nach meinem persönlichen Wert Freiheit: Ich kündigte meinen Job – ohne zu wissen, was ich eigentlich stattdessen machen wollte. Das war der Startschuss, um mich intensiv mit mir selbst, meinen Werten und den Fragen: „Was will ich eigentlich im Leben? Was macht mich glücklich? Wie sieht mein Traumleben aus?" zu beschäftigen.

Wie aber findest du nun deine zentralen Werte heraus? Die einfachste Möglichkeit, für dich zentrale Werte auszuwählen, ist, dich von einer Liste mit verschiedenen Werten inspirieren zu lassen. Im Internet findet man zahlreiche solcher Listen. Alternativ habe ich für dich ein paar gängige Werte zusammengetragen, wobei diese Aufzählung keineswegs vollständig ist, sondern lediglich als Inspiration und für die folgende Übung dient. Sollten dir noch weitere Werte einfallen oder bei deiner Recherche unterkommen, kannst du diese selbstverständlich ergänzen. Direkt nach der Werteliste findest du eine detaillierte Anleitung für eine Übung, wie du deine wichtigsten Werte herausfinden kannst.

Gängige Werte sind:

- Abenteuer
- Abwechslung
- Achtsamkeit
- Aktivität
- Akzeptanz
- Anerkennung
- Anpassung
- Anstand
- Aufgeschlossenheit
- Aufmerksamkeit
- Aufregung
- Ausgeglichenheit
- Beharrlichkeit
- Beherrschung
- Beliebtheit
- Berühmtheit
- Bestätigung
- Bindung
- Dankbarkeit
- Demut
- Disziplin
- Dominanz
- Durchsetzungsvermögen
- Effizienz
- Ehre
- Ehrgeiz
- Ehrlichkeit
- Eifer
- Eigenständigkeit
- Einfluss
- Einfühlungsvermögen

- Einzigartigkeit
- Eleganz
- Entdeckung
- Entspannung
- Erfahrung
- Erfolg
- Extravaganz
- Fairness
- Familie
- Fleiß
- Flexibilität
- Fokus
- Freiheit
- Freude
- Freundlichkeit
- Frieden
- Frohmut
- Führung
- Furchtlosigkeit
- Gastfreundschaft
- Geben
- Gelassenheit
- Genauigkeit
- Genügsamkeit
- Genuss
- Gerechtigkeit
- Geschicklichkeit
- Geschwindigkeit
- Glaube
- Glaubwürdigkeit
- Glück
- Großzügigkeit
- Güte

- Harmonie
- Hartnäckigkeit
- Heimlichkeit
- Heiterkeit
- Heldentum
- Herausforderung
- Herkunft
- Herzlichkeit
- Hilfsbereitschaft
- Hingabe
- Hoffnung
- Höflichkeit
- Humor
- Inspiration
- Intelligenz
- Intensität
- Intuition
- Klarheit
- Klugheit
- Komfort
- Kontrolle
- Kooperation
- Korrektheit
- Kreativität
- Kühnheit
- Lebendigkeit
- Lebenskraft
- Leidenschaft
- Leistung
- Lernen
- Liebe
- Logik
- Loyalität

- Macht
- Mitgefühl
- Mut
- Nähe
- Neugier
- Offenheit
- Optimismus
- Ordnung
- Perfektion
- Pflicht
- Proaktivität
- Professionalität
- Pünktlichkeit
- Reflexion
- Reichtum
- Reife
- Religiosität
- Respekt
- Ruhm
- Schönheit
- Selbstbeherrschung
- Selbstlosigkeit
- Selbstvertrauen
- Sexualität
- Sicherheit
- Sieg
- Signifikanz
- Sinnlichkeit
- Sorgfalt
- Spannung
- Sparsamkeit
- Spaß
- Spiritualität

- Spontanität
- Stabilität
- Stärke
- Stille
- Strebsamkeit
- Struktur
- Sympathie
- Synergie
- Tapferkeit
- Teamwork
- Tiefe
- Tradition
- Treue
- Überfluss
- Überlegenheit
- Überraschung
- Überzeugung
- Unabhängigkeit
- Unterstützung
- Verbindung
- Verehrung
- Vergnügen
- Vermögen
- Vernunft
- Verspieltheit
- Verständnis
- Vertrauen
- Vertrauenswürdigkeit
- Vielfalt
- Vision
- Vitalität
- Vorfreude
- Wachstum

- Wahrheit
- Wärme
- Weisheit
- Wissen
- Wissensdurst
- Wohlstand
- Wortgewandtheit
- Wunder
- Würde
- Zufriedenheit
- Zugehörigkeit
- Zuneigung
- Zuverlässigkeit

Bist du bereit dafür, deine zentralen Werte herauszufinden? Dann lass uns folgende Übung machen, welche aus vier Schritten besteht. Nimm dazu bitte die Werteliste aus diesem Buch oder eine ähnliche Werteliste aus dem Internet zur Hand und befolge einfach folgende Anleitung:

So funktioniert's:

1. Als ersten Schritt gehst du ganz einfach alle soeben angeführten Werte durch. Achte dabei vor allem auf das Gefühl, welches diese in dir auslösen. Wenn dich ein Wert auf irgendeine Weise anspricht und du glaubst, dich damit identifizieren zu können, markierst du ihn. Werte, die kein Gefühl in dir auslösen oder deren Bedeutung du nicht verstehst, überspringst du einfach. Im ersten Schritt ist es völlig egal, wie viele Werte du markiert hast. Wahrscheinlich wirst du feststellen, dass du dich mit mehr Werten identifizieren kannst, als du ursprünglich angenommen hast.
2. Als nächstes gehst du noch ein zweites Mal die Liste durch und schaust dir alle Werte, die du im ersten

Schritt markiert hast, noch einmal genauer an. Frage dich bei jedem Wort: Spürst du wirklich eine innere Resonanz mit dem Wert? Ist es tatsächlich dein eigener, innerer Wert – oder kann es sein, dass du diesen ausgewählt hast, weil ihn dir jemand aufzwingt – beispielsweise deine Eltern, deine Religion oder die Gesellschaft? Oftmals übernehmen wir unreflektiert die Werte, die uns von unserem Umfeld vorgelebt werden oder die von uns erwartet werden. Wenn du zum Beispiel ehrgeizig als Wert markiert hast, frage dich: Ist das wirklich mein eigener Wert? Wäre ich auch ehrgeizig, wenn niemand meine Ergebnisse sehen würde? Alle Werte, die nicht aus deinem Inneren kommen, dürfen wieder gestrichen werden. Vielleicht fällt dir auch auf, dass sich manche Werte, die du markiert hast, sehr ähnlich sind. Wenn du zwischen einigen von ihnen keinen wirklichen Unterschied feststellen kannst, entscheide dich für den Wert, der dich davon am ehesten anspricht, und streiche die anderen. Ziel ist es, nach diesem Schritt bedeutend weniger Werte markiert zu haben, als nach dem ersten Schritt.

3. Im dritten Schritt wird nun knallhart aussortiert. Du hast die Aufgabe, dich auf die zehn wichtigsten Werte auf deiner Liste zu beschränken. Hast du bisher also zum Beispiel noch 30 Werte markiert, musst du nun 20 davon wieder streichen. Wenn dir die Entscheidung schwerfällt, beginne damit, jeweils zwei Werte im K.O.-Duell gegenüberzustellen – einer darf bleiben, der andere muss gehen. Mache das so lange, bis nur noch zehn Werte übrig sind.
4. Nun wird es ernst: Du hast nun deine TOP-Ten-Werte für den Moment festgelegt. Nun darfst du diese nach ihrer Wichtigkeit reihen – der allerallerallerwichtigste Wert kommt auf Platz eins, der nächstwichtigste auf Platz zwei, und so weiter.

Fertig? Herzlichen Glückwunsch, du hast nun deine ganz persönlichen Werte definiert! Wie bereits anfangs erwähnt, kann es sein, dass sich diese Werte oder ihre Reihenfolge im Laufe deines Lebens ändern – im Allgemeinen werden sie aber so oder so ähnlich bleiben. Vor allem deine TOP-Drei-Werte solltest du dir gut einprägen. Schreibe sie am besten auf einen Zettel und klebe ihn dir irgendwohin, wo du jeden Tag daran vorbeiläufst, beispielsweise an den Kühlschrank oder die Badezimmertüre. Das sind die Werte, anhand welcher du in Zukunft am besten alle deine Entscheidungen treffen solltest. Handlungen, die beispielsweise deine berufliche oder private Zukunft betreffen, solltest du immer nach deinen wichtigsten Werten ausrichten. Sie sind nun sozusagen dein Kompass, nach welchem du gehst, wenn du die Richtung für dein Leben festlegst. Je genauer deine Entscheidungen mit deinem Wertekompass im Einklang stehen, desto wahrscheinlicher ist es, dass sie dich langfristig glücklich machen.

Die verschiedenen Lebensbereiche

Bevor wir im nächsten Kapitel dazu übergehen, uns Ziele zu setzen, ist es notwendig, dass wir erst einmal definieren, wofür wir uns eigentlich Ziele setzen möchten. Viele Menschen denken bei dem Wort Ziele erst einmal nur an berufliche Ziele. Schließlich wurden wir schon als Kind gefragt: „Und, was willst du später einmal werden?" Auch in Bewerbungsgesprächen ist „Wo sehen Sie sich in fünf Jahren?" eine beliebte Frage. Doch wir können uns nicht nur für unser Berufsleben Ziele setzen, sondern auch für unser Privatleben. In diesem Kapitel werden wir uns die verschiedenen Lebensbereiche ansehen und herausfinden, mit welchen Bereichen du im Moment ganz zufrieden bist und in welchen Bereichen du gerade etwas Optimierungsbedarf hast.

Grundsätzlich kann man fünf verschiedene Lebensbereiche unterscheiden:

- Beruf
- Beziehungen
- Gesundheit
- Finanzen
- Persönlichkeit

Beruf ist das, womit du Geld verdienst. Das kann ein einfacher Brötchenjob sein – idealerweise jedoch erfüllt dich dein Beruf und erlaubt dir, dein Herzensthema in die Welt zu tragen.

Mit Beziehungen sind jegliche Art der sozialen Verbindung gemeint: Zum Beispiel mit Familie und Freunden, aber auch auf eine Partnerschaft bezogen. Gute Beziehungen helfen uns, glücklicher durchs Leben zu gehen, während schlechte oder fehlende Beziehungen uns viel Energie rauben können.

Über Gesundheit macht man sich bekanntlich nicht so viele Gedanken, solange sie vorhanden ist. Doch unsere Gesundheit beeinflusst unser Energielevel und damit unser gesamtes Leben maßgeblich. Wie du dein maximales Level an Energie erreichst, damit beschäftigen wir uns später noch in diesem Buch. Wenn du Gesundheit als den Lebensbereich definierst, um den du dich in nächster Zeit intensiver kümmern möchtest, empfehle ich dir, das Kapitel „Deine Energie hochhalten" besonders aufmerksam zu lesen.

Auch Finanzen sind zweifellos ein Thema, welches unser Leben stark beeinflusst, da wir nun einmal in einer kapitalistischen Welt leben. Zwar weiß jeder, dass Geld alleine nicht glücklich macht – kein Geld jedoch auch nicht. Im Gegenteil: Finanzielle Sorgen verursachen Stress und können sich negativ auf jeden anderen Lebensbereich auswirken. Viele Menschen haben große Defizite, was ihre Haltung gegenüber Geld anbelangt, und haben deshalb Probleme, Geld in ihr Leben zu ziehen oder es langfristig zu behalten.

Der letzte der fünf Lebensbereiche ist deine Persönlichkeit. Darunter fällt alles, was die Zeit betrifft, die du dir für dich ganz alleine nimmst. Auch Hobbys und Freizeitunternehmungen zählen dazu, noch stärker liegt der

Fokus jedoch bei der persönlichen Weiterentwicklung: Es liegt in der Natur des Menschen, stets wachsen und lernen zu wollen. Dadurch, dass du im Moment dieses Buch liest, fütterst du zum Beispiel gerade deinen Lebensbereich Persönlichkeit. Wenn wir irgendwann auf der Stelle treten und uns nicht mehr weiterentwickeln, werden wir unzufrieden.

Du kannst dir die fünf soeben aufgezählten Lebensbereiche als fünf Säulen vorstellen, welche dein Leben tragen. Je brüchiger diese Säulen sind, umso wackeliger ist dein Leben. Es ist ganz normal, dass nicht alle fünf Säulen zur selben Zeit gleich stark sind. Tatsächlich ist es sogar fast unmöglich, dass in allen fünf Lebensbereichen alles perfekt läuft. Meistens haben wir einen oder mehrere Bereiche, die wir längere Zeit vernachlässigt haben oder in denen es einfach nicht so rund läuft. Das ist auch ganz natürlich: Unser Tag hat nun einmal nur 24 Stunden, da ist es unmöglich, ständig im Job zu performen und viel zu verdienen, gleichzeitig aber auch seine Beziehungen zu pflegen, genug Zeit für sich selbst und persönliche Weiterentwicklung zu haben und auch noch Sport zu machen sowie sich gesund zu ernähren und täglich frisch zu kochen, um auf seine Gesundheit zu achten. Das Geheimnis eines glücklichen Lebens ist es, eine gute Balance zwischen den fünf Lebenssäulen zu finden und darauf zu achten, keinen Lebensbereich über einen längeren Zeitraum zu vernachlässigen.

Bevor wir nun dazu übergehen, Ziele zu setzen, solltest du für dich selbst definieren, um welchen Lebensbereich du dich in nächster Zeit vermehrt kümmern möchtest. Die gute Nachricht ist: Alle Strategien, die ich dir in diesem Buch zeige, um etwas zu verändern und dorthin zu kommen, wo du hinmöchtest, sind für jeden einzelnen der fünf Lebensbereiche anwendbar. Die schlechte Nachricht ist: Du kannst nicht jeden Bereich gleichzeitig verändern. Dazu fehlt dir ganz einfach die Zeit und die Energie. Daher ist es besser, dir erst einmal einen oder maximal zwei Lebensbereiche vorzunehmen, auf die du dich in nächster Zeit konzentrieren möchtest, und dir dafür

Ziele zu setzen. Hast du diese erst einmal erreicht, kannst du dir wieder einen anderen Lebensbereich vornehmen.

Frag' dich selbst: In welchen der fünf Lebensbereiche läuft es bei dir gerade super? Und welche Lebenssäulen sind im Moment am Bröckeln, ja vielleicht sogar einsturzgefährdet? Wir tendieren dazu, uns bei der Optimierung unseres Lebens gerne auf den Bereich zu stürzen, der ohnehin schon gut läuft, und dabei andere Bereiche, um die wir uns eigentlich kümmern sollten, zu vernachlässigen. Dabei sind es meist genau die Lebensbereiche, in denen es nicht so rosig aussieht, welche das meiste Optimierungspotential haben. Hilfreich für die Entscheidung kann es sein, dich zu fragen: „In welchem Bereich habe ich die größte Hebelwirkung?" Da unsere Lebensbereiche ja miteinander verwoben sind und in Summe unser Leben ausmachen, können Verbesserungen in einem Bereich sich auch auf andere Bereiche auswirken. Wenn du zum Beispiel deine Gesundheit verbesserst, hast du mehr Energie zur Verfügung, die du direkt in deinen Beruf und deine Beziehungen stecken kannst. Umgekehrt kann eine Veränderung deiner Persönlichkeit sich zum Beispiel auf deine Einstellung gegenüber Geld auswirken und dir automatisch zu mehr Wohlstand in deinem Leben verhelfen, ohne dass du dir das konkret als Ziel vorgenommen hast.

Hast du dich für einen oder maximal zwei Lebensbereiche entschieden, an denen du in nächster Zeit gezielt arbeiten möchtest? Sehr gut! Dann bist du bereit für das nächste Kapitel.

Ziele setzen

Du hast im vorletzten Kapitel bereits deine Werte kennengelernt. Sie bieten den groben Rahmen für alle Entscheidungen, die du ab sofort triffst. Doch Werte alleine reichen noch nicht, um Klarheit darüber zu erlangen, wie dein Leben sein soll, damit du glücklich bist. Dafür ist es notwendig, dass wir noch einen Schritt konkreter werden: Nun ist es an der Zeit, Ziele zu setzen und ganz spezifisch zu definieren, was du erreichen möchtest. Ein Ziel ist erst einmal nichts weiter als ein bestimmter Zustand in der Zukunft, der aus heutiger Sicht positiv ist und den du anstrebst. Viele Menschen denken dabei vor allem an berufliche Ziele, doch wie gesagt kann man für jeden einzelnen Lebensbereich, den du im letzten Kapitel kennengelernt hast, Ziele definieren.

Vielleicht hast du schon einmal von „smart"en Zielen gehört: Ziele sollen spezifisch, messbar, erreichbar (achievable), realistisch und zeitbezogen (time-related) sein. Vor allem die beiden letzteren Punkte finde ich wichtig, weshalb ich auf diese in den nächsten zwei Unterkapiteln genauer eingehen werde.

Zeithorizont

Eine unverzichtbare Komponente bei Zielen ist der zeitliche Horizont. Es macht einen großen Unterschied, ob du dir etwas für „irgendwann mal" vornimmst oder ob du ein konkretes Datum festlegst, an welchem du dein Ziel erreicht haben möchtest: Nur wenn wir unseren Zielen eine ganz klare Deadline geben, werden sie verbindlich und lebendig.

Ganz egal, was für Ziele du dir setzt – sie sollten immer in einem zeitlichen Bezug stehen. Das kannst du entweder machen, indem du ein ganz bestimmtes Datum in der Zukunft festsetzt, oder indem du eine gewisse Zeitspanne bestimmst. Möchtest du zum Beispiel drei Kilo abnehmen, kannst du dir vornehmen, dies am ersten Juli desselben Jahres geschafft zu haben. Genauso gut kannst du auch eine Zeitspanne nehmen und dir als Ziel setzen, in den nächsten sechs Monaten drei Kilo abzunehmen.

Ich persönlich finde es auch sinnvoll, zwischen kurzfristigen, mittelfristigen und langfristigen Zielen zu unterscheiden. Kurzfristige Ziele betreffen alles, was du zwischen heute und in drei Jahren erreichen möchtest. Mittelfristige Ziele sind für den Zeitrahmen von ca. drei bis fünf Jahren, und langfristige Ziele beziehen sich auf alles, was noch mehr als fünf Jahre vom heutigen Zeitpunkt aus entfernt ist. Gerade wenn du mehrere Ziele auf einmal verfolgst, bringst du so eine gewisse Ordnung hinein. Wenn du sehr große Ziele hast, macht es ebenfalls Sinn, diese in mehrere kleine Ziele – sowohl kurz-, als auch mittel- und langfristige – zu unterteilen. Denn oftmals wissen wir gar nicht, wo wir anfangen sollen, um unsere großen Ziele zu erreichen – so weit weg erscheinen sie uns. Wenn wir sie dann herunterbrechen und in Miniziele aufteilen, die einfacher zu erreichen sind, fällt es uns leichter, loszulegen.

Realistische vs. unrealistische Ziele

Wenn es um die richtige Zielsetzung geht, gibt es zwei Arten von Zielen: Realistische Ziele vs. unrealistische Ziele. Die meisten Menschen tendieren dazu, sich realistische Ziele zu setzen: Sie schauen sich an, wo sie im Moment stehen, was ihre Fähigkeiten sind und wo sie glauben, dass sie in einem gewissen Zeitraum hinkommen können. Sie setzen sich also realistische Ziele und passen ihre persönlichen Ziele ihren eigenen Kenntnissen und ihrem persönlichen Entwicklungsstand an. Doch dann gibt es auch Menschen, die sich vollkommen unrealistische Ziele stecken, welche ihre persönlichen Fähigkeiten und ihre eigene Entwicklung übersteigen. Sie überlegen sich erst, wo sie hinmöchten – und beginnen dann, ihre eigenen Fähigkeiten weiterzuentwickeln, um ihre Ziele zu erreichen.

Viele Experten behaupten, dass du dir realistische Ziele setzen solltest. Ich behaupte jedoch: Wenn du wirklich etwas in deinem Leben verändern möchtest, dann solltest du dich auf unrealistische Ziele konzentrieren.

Der Grund dafür ist ganz einfach: Unrealistische Ziele fordern dich heraus. Sie bringen dich aus deiner Komfortzone und sorgen dafür, dass dein Verstand kurzzeitig verrückt wird. Nehmen wir zum Beispiel an, du möchtest gerne mehr verdienen (Okay, wer möchte das nicht?). Nun könntest du dir ein realistisches Ziel setzen, sagen wir einmal: „In einem halben Jahr verdiene ich € 200.- mehr pro Monat.“ Vielleicht ist das eine Herausforderung für dich – vor allem, wenn du in einem Angestelltenverhältnis bist und weißt, dass dein Chef nicht gerade „hurra“ rufen wird, wenn du mit dieser Forderung in seinem Büro auftauchst. Aber es ist ein realistisches Ziel: Du könntest eine Gehaltsverhandlung führen, in eine besser bezahlte Position in deinem Unternehmen oder einer anderen Firma wechseln oder notfalls sogar einen Nebenjob annehmen. Nun gehen wir aber einmal davon aus, dass du dieses Buch gelesen hast und dir ein unrealistisches Ziel setzen möchtest: „In einem halben Jahr verdiene ich € 5000.- mehr pro Monat!“ Wenn ich richtig liege mit der Vermutung, dass du nicht gerade schon zu denjenigen gehörst, die diese Geldsumme mit einer 5%igen Gehaltserhöhung erreichen können, wird dieses Ziel eher unrealistisch sein, oder? Nun wird es spannend: Dein Gehirn wird vermutlich erst einmal sagen: „Du bist verrückt. Das klappt nie.“ Doch wenn du dein Ziel wirklich ernst nimmst, wirst du im Laufe dieses halben Jahres immer wieder bewusst und unbewusst darauf hinarbeiten. Wahrscheinlich wirst du mit einigen Herausforderungen konfrontiert werden, die dir aber die Chance bieten, persönlich zu wachsen. Unrealistische Ziele regen außerdem deine Kreativität an: Hat dein Verstand erst einmal begriffen, dass du es todernst meinst mit deinem Vorhaben, wird er versuchen, Mittel und Wege zu finden, dein Ziel zu erreichen. Vielleicht ergreifst du die Gelegenheit, dich selbstständig zu machen und an einer Businessidee zu arbeiten (Wenn du damit dann in einem halben Jahr schon € 5000.- pro Monat mehr verdienst, hätte ich übrigens gerne, dass du mich anrufst und mir verrätst, wie du das angestellt hast!). Oder aber du findest eine Nebeneinkunft, die dir monatlich viel Geld einbringt. Möglicherweise wirst du dein Ziel im von dir festgelegten Zeitraum gar nicht erreichen – aber du wirst dich in dem halben Jahr persönlich sehr viel stärker weiterentwickelt haben als jemand, der sich ein realistisches Ziel gesetzt hat – ganz einfach deshalb, weil dich dein Ziel dazu gezwungen hat, dich aus deiner Komfortzone zu bewegen, dich herausgefordert und dazu gebracht hat, etwas Neues zu lernen.

Je größer deine Träume sind und umso weiter du noch davon entfernt bist sie zu verwirklichen, desto mehr wirst du dich persönlich weiterentwickeln müssen, um sie zu erreichen. Denn alles, was du in deinem Leben erreichst, ist ein Spiegel deiner eigenen Entwicklung. Realistische Ziele sorgen dafür, dass du dich bei ihrer Erreichung kurzzeitig gut fühlst. Unrealistische Ziele sorgen selten für einen derartigen Egoboost. Sie fordern dich jedoch heraus und zwingen dich gewissermaßen dazu, kreativ zu werden, Herausforderungen zu meistern und dich persönlich weiterzuentwickeln. Daher sind sie meiner Meinung nach die bessere Wahl für jeden, der nach den Sternen greift und große Träume hat.

Bucketlist fürs Leben

In diesem Kapitel hast du bereits erfahren, wie wichtig es ist, sich im Leben Ziele zu setzen. Denn, wie bereits am Anfang dieses Kapitels erwähnt, nur wer weiß, wo er hinmöchte, kann auch irgendwann dort ankommen. Doch so wertvoll es auch ist, seine eigenen Ziele zu kennen, zumindest zwei Aspekte kann man an der Zielsetzung auch kritisch sehen: Erstens entwickeln wir uns pausenlos weiter, erlernen neue Fähigkeiten und lernen auch neue Dinge kennen, die uns zuvor noch kein Begriff waren. Das heißt also, dass du heute möglicherweise noch gar nicht wissen kannst, was du in zehn Jahren machen möchtest, weil du einen Teilaspekt davon noch gar nicht entdeckt hast. Und zweitens ergeben sich im Leben oft scheinbar zufällig perfekte Gelegenheiten, die man vorher nicht sehen konnte. Wenn du ein sehr konkretes Ziel vor Augen hast, blendest du diese Gelegenheiten, die sich außerhalb deines Ziels befinden, vielleicht aus und nimmst sie nicht wahr, da du deinen Fokus anders gesetzt hast. Was doch schade wäre, oder?

Daher habe ich für mich eine Möglichkeit gefunden, welche mich nicht zu sehr einschränkt, aber mir trotzdem eine grobe Richtung für mein Leben vorgibt. John Strelecky schreibt in seinem Buch „The Big Five for Life“[4] von den “big five”: Den fünf Zielen, die man für sein Leben definieren und nach denen man alle seine Tätigkeiten und Entscheidungen ausrichten sollte. Da mir fünf Ziele jedoch zu wenig sind, habe ich diese „big five“ kurzerhand in eine Bucketliste umgewandelt. Auf dieser Bucketlist stehen zehn Dinge, die ich am Ende meines Lebens erreicht haben möchte. Und zwar sind das keine klassischen Dinge wie Bungeejumping oder eine Weltreise, die man normalerweise so auf seiner Bucketlist stehen hat, sondern profunde Lebensziele für jeden der fünf Lebensbereiche. Da ich damit ja mein ganzes Leben lang beschäftigt sein soll, sind es auch auf den ersten Blick erst einmal das, was wir im vorigen Unterkapitel als „unrealistische Ziele“ definiert haben. Das, was meine Bucketlist jedoch von klassischen Zielen unterscheidet, ist der Zeithorizont: Ich habe sie bewusst in keinen Zeitbezug gesetzt – die einzige Deadline, die ich habe, ist mein Ableben. Da natürlich niemand so genau weiß, wann dies der Fall sein wird, bin ich motiviert genug, jeden Tag alles dafür zu geben, ein Stück weit näher an die Erfüllung der einzelnen Punkte auf meiner Bucketlist zu kommen. Weil ich aber, so wie jeder von uns, hoffe, dass ich bis zu meinem Tod noch ein paar Jährchen Zeit habe, sind viele der Punkte auch für einen späteren Lebensabschnitt gedacht – oder zumindest sehr ambitioniert gesteckt, wenn ich sie bereits in den nächsten Jahren erreichen möchte.

Meine Bucketlist ist nicht in Stein gemeißelt. Wenn ich irgendwann das Gefühl habe, einige Punkte darauf passen nicht mehr so wirklich zu mir und meinen Werten, kann ich sie jederzeit auch mit anderen Punkten ersetzen. Entscheidend ist, dass mir diese Bucketlist die Richtung vorgibt, in die ich mich bewege. Stehe ich vor großen Entscheidungen oder habe ich mal wieder viel zu viele Optionen in meinem Leben, stelle ich mir stets die Frage: „Bringt mich das in irgendeiner Weise einem Punkt auf meiner Bucketlist näher?“ Wenn ja, ist meine Entscheidung bereits dafür gefallen. Wenn nein, ist das

---

[4] John Strelecky: Big Five for Life

meistens ein gutes Anzeichen dafür, dass ich lieber etwas anderes machen sollte.

Hast du nun Lust darauf bekommen, dir ebenfalls eine Bucketlist fürs Leben anzulegen? Dann schnapp dir einen Zettel und einen Stift und los geht's! Um leichter auf Ideen zu kommen, kannst du folgende Übung machen: Stell dir vor, du bist am Ende deines Lebens angelangt und weißt, dass du bald sterben wirst. Du blickst auf die vergangenen 80-100 Jahre zurück und bist vollkommen zufrieden mit dem, was du aus deinem Leben gemacht hast. Ja, bei manchen Dingen kannst du rückwirkend fast gar nicht glauben, dass du das getan und erlebt hast! Und jetzt stell dir die Fragen: Was möchtest du in deinem Leben erreicht haben? Worauf willst du stolz sein? Was musst du in deinem Leben gemacht haben, damit du ganz beruhigt sterben kannst, ohne das Gefühl zu haben du hättest etwas verpasst? Genau daraus leitest du dann die zehn Dinge ab, die auf deine Bucketlist fürs Leben kommen. Dabei ist es egal, ob es sich um private oder berufliche Ziele handelt – alles, was dein Leben betrifft, ist erlaubt. Ein Leben mit deinem Traummann oder deiner Traumfrau zu verbringen und Kinder zu bekommen kann genauso ein Punkt auf deiner Bucketlist sein wie zum Beispiel ein Unternehmen zu gründen. Denk aber immer auch an deine zentralen Werte, die du am Anfang dieses Kapitels bestimmt hast, und achte darauf, dass die Punkte auf deiner Bucketlist mit deinen wichtigsten Werten übereinstimmen.

DAS RICHTIGE MINDSET

„Mindset is what separates the best from the rest" - *Unbekannt*

Ziemlich sicher hast du schon irgendwann einmal den Satz „Auf das richtige Mindset kommt es an" gehört. In den letzten Jahren scheint „Mindset" regelrecht ein Modewort geworden zu sein. Doch was bedeutet das eigentlich und wie kann dir das richtige Mindset dabei helfen, deine Ziele zu erreichen? Genau darum geht es in diesem Kapitel.

In dem Wort „Mindset" steckt der englische Begriff „mind" – womit unser Geist beziehungsweise unsere Gedanken gemeint sind. Übersetzt bedeutet Mindset so viel wie „Einstellung" oder „Denkweise": Die Art und Weise, wie wir auf Umstände reagieren und an Dinge herangehen, was wir von uns selbst denken und wie wir mit Problemen oder unvorhergesehenen Ereignissen im Leben umgehen. Denn wir alle haben dann und wann mit Herausforderungen zu kämpfen: Nicht immer läuft im Leben alles so, wie wir uns das vorgestellt haben. Sei es ein Schicksalsschlag, der unsere Pläne plötzlich durchkreuzt, oder die Entscheidung eines anderen Menschen, wenn wir beispielsweise gekündigt werden oder sich unser Partner von uns trennt: Wir können nicht immer beeinflussen, was uns passiert. Aber wir haben es in der Hand, wie wir auf die Ereignisse in unserem Leben reagieren, wie wir darüber denken und sprechen! Genau das ist mit „das richtige Mindset haben" gemeint.

Unser eigenes Mindset ist geprägt von all unseren Erlebnissen und Erfahrungen sowie den Reaktionen unseres Umfelds auf unser Handeln. Jede Erfahrung kann entweder dazu beitragen, dass wir ein positives Mindset entwickeln, oder aber auch unser negatives Mindset stärken. Im Grunde ist unser Mindset nichts anderes, als die Summe aller unserer bewussten und unbewussten Glaubenssätze und Gedanken. Inwiefern dich deine negativen Gedanken und Glaubenssätze zurückhalten, hast du ja bereits im ersten Teil dieses Buches erfahren. Im Kapitel über die Programmierung deines Unterbewusstseins schauen wir uns später noch an, wie du die tief in dir verborgenen Glaubenssätze und Gedanken verändern kannst. All das wird dir dabei helfen, ein positives Mindset zu erschaffen. Denn die gute Nachricht ist: Genau wie alles andere in unserem Leben können wir auch unser Mindset bewusst verändern. Dafür müssen wir jedoch zuerst einmal wissen, was für ein Mindset wir eigentlich haben möchten. In diesem Abschnitt möchte ich dir nun zwei verschiedene Arten von Mindsets vorstellen und erläutern, welches davon dir auf deinem Weg zu deinem Traumleben eher dienlich ist.

Growth Mindset vs. fixed Mindset

Die Motivationspsychologin Dr. Carol S. Dweck beschäftigt sich seit Jahren mit dem Thema Mindset und hat viele verschiedene Forschungen dazu durchgeführt. Dabei hat sie festgestellt, dass sich das Mindset von Menschen vor allem in zwei Kategorien einteilen lässt. Sie nennt diese Fixed Mindset und Growth Mindset. Der grundlegende Unterschied zwischen diesen beiden Mindsets ist folgender: Menschen mit einem Fixed Mindset gehen davon aus, dass unsere Fähigkeiten ein Teil unserer Persönlichkeit sind und wir quasi schon mit der Veranlagung zu etwas geboren werden. Sie glauben, dass wir entweder ein Talent für etwas in diese Welt mitbringen – oder eben nicht. Im Gegensatz dazu glauben Menschen mit einem Growth Mindset, dass man alles erlernen und seine persönlichen Fähigkeiten trainieren und weiterentwickeln kann, indem man sich anstrengt, stets dazulernt und etwas immer und immer wieder übt.

Dr. Carol S. Dweck hat herausgefunden, dass Menschen mit einem Fixed Mindset unterschiedlich auf Herausforderungen reagieren als Menschen mit einem Growth Mindset: Wer ein Fixed Mindset hat, gibt schneller auf, wenn er auf Hindernisse stößt, schiebt die Schuld gerne auf andere und rutscht rasch in negative Gedankenspiralen ab, wie zum Beispiel „Ich bin einfach zu blöd dafür“ oder „Das kann ich sowieso nicht.“ Menschen mit einem Growth Mindset jedoch sehen Herausforderungen eher positiv. Sie probieren gerne verschiedene Lösungsansätze aus, lassen sich weniger schnell entmutigen und sehen Fehler als Chance zur Verbesserung und zum Wachstum. [5]

Was glaubst du nun, welches Mindset erfolgreiche Menschen haben? Natürlich ein Growth Mindset! Denn wer denkt, dass er alles erlernen kann, wenn er sich nur genug anstrengt, ist bereit dazu die Extrameile zu gehen, an sich selbst zu arbeiten und sich ständig weiterzuentwickeln. Er lässt sich weniger schnell von Herausforderungen aufhalten, findet, dass Grenzen nur in seinem Kopf bestehen und ist bereit, alles dafür zu geben, um seinen Traum zu verwirklichen. Klingt das nicht gut?

Wenn du dir nicht sicher bist, ob du selbst eher ein Fixed Mindset oder ein Growth Mindset hast, kannst du versuchen, es herauszufinden, indem du dich gedanklich in folgende Situation versetzt: Stell dir vor, du nimmst an einem Experiment teil, bei dem du mit neun anderen Teilnehmern in einem Raum sitzt und Mathematikaufgaben lösen musst. Wer alle Aufgaben richtig löst, bekommt € 1000.- dafür bar ausgehändigt. Du strengst dich also an, aber die Aufgaben sind wirklich schwierig und gehen weit über dein Können hinaus. Du siehst jedoch, dass andere Teilnehmer bereits fleißig vor sich hin kritzeln. Wie würdest du in dieser Situation reagieren?

---

[5] Dr. Carol Dweck: Mindset. Changing the way you think to fulfil your potential

Jemand mit einem Fixed Mindset würde sehr wahrscheinlich anfangen, sich selbst runterzumachen. Er würde Gedanken haben wie „Ich war noch nie gut in Mathematik", „Das ist zu schwierig", „Die anderen sind wohl viel intelligenter als ich", „Ich schaffe es nie, alle Aufgaben richtig zu lösen" oder „Ich gebe auf." Jemand mit einem Growth Mindset jedoch würde die Aufgaben als willkommene Herausforderung sehen. Er würde einfach damit beginnen, sie zu lösen und so lange herumprobieren, bis er zu einem Ergebnis kommt. Oder er würde sich – falls erlaubt – an die anderen Teilnehmer wenden, die bereits fleißig vor sich hinrechnen und scheinbar mehr Ahnung davon haben, um sich Tipps zu holen und von ihnen zu lernen.

Falls du dich nun dabei ertappt hast, dass du eher wie jemand mit einem Fixed Mindset reagieren würdest: Super, dass du so ehrlich zu dir selbst bist! Du hast damit bereits den ersten Schritt in die richtige Richtung getan: Du hast erkannt, dass dich dein Mindset davon abhält, erfolgreich zu sein. Alles, was du nun im nächsten Schritt tun musst, ist dein Mindset zu verändern, raus aus dem Fixed Mindset zu kommen und dir stattdessen ein Growth Mindset anzueignen. Dafür hast du verschiedene Möglichkeiten, denen jedoch immer ein Ziel zu Grunde liegt: Deine Gedanken und Worte so zu verändern, dass du so denkst und sprichst wie jemand mit einem Growth Mindset.

Eine Möglichkeit dafür ist, deine bisherigen Gedanken und Worte, die einem Fixed Mindset entsprechen, durch neue Gedanken und Worte, die einem Growth Mindset entsprechen, zu ersetzen. In der folgenden Tabelle gebe ich dir einige Beispiele für A („alte" Gedanken und Sätze), welche du ab sofort mit B („bessere" Gedanken und Sätze) ersetzen solltest.

A (alte Sätze)	B (bessere Sätze)
Ich bin nicht gut darin.	Ich versuche es so lange, bis ich es kann. / Ich hole mir Tipps von anderen, die das

	schon gut können, damit ich immer besser werde.
Das ist zu schwierig.	Das ist eine Herausforderung, an der ich noch etwas dazulernen kann. / Wenn ich es alleine nicht schaffe, hole ich mir Hilfe.
Sie sind viel intelligenter als ich.	Ich frage mich, wie sie das gelernt haben. / Ich beobachte, wie sie das machen, damit ich mir etwas abschauen kann.
Ich schaffe das nicht.	Ich werde meine Strategie ändern und auf eine andere Art und Weise versuchen, eine Lösung zu finden. Irgendwie muss es ja funktionieren.

Wenn du noch einen Schritt weitergehen möchtest, dann erstelle dir eine eigene Tabelle: Überlege dir, welche Gedanken dir persönlich häufig in den Sinn kommen beziehungsweise welche Sätze du gerne verwendest, die ganz eindeutig einem Fixed Mindset entsprechen, und schreibe sie in die linke Spalte. Dann denk darüber nach, durch welche Growth Mindset-Gedanken und -Sätze du sie ersetzen könntest und ergänze sie in der rechten Spalte. Ziel ist es, wenn du in Zukunft beobachtest, dass du wieder einen Gedanken aus der linken Spalte hattest, diesen durch den Satz aus der rechten Spalte zu ersetzen.

Eine weitere sehr einfache Möglichkeit, dein Growth Mindset zu trainieren, ist folgende Methode, die Dr. Carol S. Dweck in ihrem TEDx Talk[6] vorgestellt hat: Indem du deinen alten Sätzen, die dem Fixed Mindset entspringen, einfach nur ein einziges Wort hinzufügst: Das Wort „noch". Plötzlich ist die Mathematikaufgabe nicht zu schwierig für dich, sondern

---

[6] https://www.youtube.com/watch?v=J-swZaKN2Ic&t=66s

NOCH zu schwierig. Merkst du den Unterschied? Bezeichnest du etwas als „zu schwierig“, bist du automatisch im Fixed Mindset und blockierst dich selbst. Denn wenn die Aufgabe zu schwierig ist, kannst du sie gar nicht lösen – es bleibt dir also nichts anderes übrig als aufzugeben. Wenn die Aufgabe jedoch noch zu schwierig ist, bedeutet das nur, dass du die Aufgabe in diesem Moment gerade nicht lösen kannst – vielleicht weil du noch nicht auf den richtigen Lösungsweg gekommen bist, weil du noch nicht lange genug probiert hast oder weil dir einfach noch das nötige Wissen dafür fehlt und du erst etwas dazulernen musst, um die Aufgabe zu lösen. Du hast jedoch noch die Möglichkeit, daran zu arbeiten und sie zu einem späteren Zeitpunkt zu lösen – und das nur, weil du deinem Glaubenssatz das Wörtchen „noch“ hinzugefügt hast.

Verantwortung übernehmen

Ein weiterer Punkt, den ich im Kapitel über Mindset ansprechen möchte, weil er meiner Meinung nach viel mit persönlicher Haltung und Einstellung zu tun hat, ist folgender: Wenn du maximalen Erfolg in deinem Leben haben und deine Träume zur Realität machen möchtest, ist es wichtig, dass du die Verantwortung für dein Leben übernimmst. Und zwar nicht nur für das, was du machst, sondern für alles, was in deinem Leben passiert.

Wir alle kennen diesen einen Menschen, bei dem immer die anderen an allem schuld sind. Wenn er krank ist, hat ihn der Kollege im Büro angesteckt, der bereits seit einer Woche hustet. Daran, dass seine letzte Beziehung in die Brüche gegangen ist, ist natürlich ganz allein seine Exfreundin schuld. Und dass er heute einen stinklangweiligen Bürojob hat, hat er seinen Eltern zuzuschreiben, welche ihm damals seinen Traum, Schauspieler zu werden, ausgeredet haben. Wenn wir ganz ehrlich zu uns selbst sind, kennen wir nicht nur solche Menschen, welche die Schuld ständig auf andere schieben, sondern gehören sogar selbst manchmal zu ihnen. Auch ich erwische mich hin und wieder dabei. Das ist ein ganz normaler

Schutzmechanismus unseres Egos, welches sich vermeintliche Fehler oder ein Versagen nicht eingestehen möchte und daher automatisch die Schuld von sich weist. Außerdem ist es ja auch ganz bequem, jemand anderen die Schuld zuzuschieben: Dadurch ziehen wir uns selbst fein aus der Affäre – denn wenn eine andere Person für den Missstand verantwortlich ist, können wir selbst ja gar nichts daran ändern. Wir würden zwar gerne, aber leider können wir ja nicht – ist ja nicht unsere Schuld…

Wie wäre es, wenn ich dir nun sage, dass du sehr wohl etwas daran ändern kannst? Würde sich das gut anfühlen? Dann pass mal auf: Du hast es in der Hand, all das, was gerade in deinem Leben nicht so richtig rundläuft, zu verändern. Alles, was du dafür tun musst, ist die Verantwortung dafür zu übernehmen. Denn wie wir gerade gesehen haben: Wer die Schuld hat, der hat auch die Macht, etwas zu verändern. Daher solltest du dich das nächste Mal, wenn es darum geht, die Schuldfrage zu beantworten, ganz vorne in die erste Reihe stellen und laut „hier" rufen. Gehen wir noch einmal zu unserem Beispielsmenschen zurück, bei dem immer alle anderen an allem schuld sind. Geben wir ihm für diese Übung einen Namen – lass uns sagen Nick. Nehmen wir einmal an, Nick hat dieses Buch gelesen und übernimmt ab sofort für alles in seinem Leben die Verantwortung. Wenn er also beschließt, dass es ganz allein seine Schuld war, dass er krank geworden ist – was könnte das für ihn heißen? Möglicherweise, dass er in Zukunft besser auf seine Gesundheit achten wird. Vielleicht entscheidet er sich dazu, sein Immunsystem zu stärken, gesünder zu essen, regelmäßig Sport zu machen und darauf zu achten, ausreichend zu schlafen, damit Viren in Zukunft weniger Angriffsfläche haben und seine körpereigene Abwehrkräfte stark genug sind, sie abzuwehren. Zweites Beispiel: Nick räumt ein, dass seine Exfreundin nicht alleine schuld daran war, dass seine letzte Beziehung in die Brüche ging. Er gibt zu, dass immer zwei Personen dazugehören und fragt sich: Was hätte ich selbst besser machen können? Vielleicht erkennt er dann, dass er zu viel gearbeitet und sich zu wenig Zeit für seine Freundin genommen hat, obwohl diese mehrmals den Wunsch geäußert hat, dass sie gerne mal wieder einen Abend mit ihm alleine verbringen würde. Wenn er dies erkannt hat, kann er sich zum Beispiel bei seiner Exfreundin dafür entschuldigen und in seiner nächsten Beziehung ganz besonders darauf achten, nicht den gleichen Fehler noch einmal zu machen. Und was ist mit seinem Traumberuf Schauspieler? Vielleicht waren seine Eltern der Auslöser dafür, warum er nach dem Schulabschluss nicht auf eine Schauspielschule gegangen ist, sondern BWL studiert hat. Doch inzwischen ist Nick erwachsen und selbstbewusster als damals frisch nach der Schule, als er sich nicht getraut hat seinen Traum entgegen den Wünschen seiner Eltern durchzusetzen. Was also hindert Nick daran, heute Schauspieler zu werden? Es ist nie zu spät, sich seine Träume zu verwirklichen! Nick kann zum Beispiel versuchen herauszufinden, ob es eine Laientheatergruppe in seiner Nähe gibt, wo er einmal vorstellig werden kann. Oder er kann tatsächlich die ersehnte Schauspielausbildung nachholen. Sobald er die alleinige Verantwortung für sein Leben und seine Berufswahl übernimmt und erkennt, dass er alle Möglichkeiten der Welt hat, wird sich zeigen, ob sein Traum, Schauspieler zu werden, tatsächlich noch so groß ist wie damals, oder ob er inzwischen eigentlich in seinem Job ganz glücklich ist und gar nicht mehr den Beruf wechseln möchte. Wenn letzteres der Fall ist, kann Nick endlich Frieden schließen mit dem Groll gegenüber seinen Eltern, welche ihm damals den Weg zu seinem Traum versperrt haben, denn er erkennt: Der Weg ist längst wieder offen und es ist einzig und allein seine Entscheidung, ob er ihn gehen möchte oder ob er lieber einen anderen Weg wählt. Was für eine Mindset-Veränderung, oder? Und das nur, weil Nick beschlossen hat, die Verantwortung zurückzuerobern! Also sei wie Nick und beginne noch heute damit, die Verantwortung für dein Leben zu übernehmen. Denn wer die Schuld hat, hat die Macht. Du bist der einzige Mensch, der etwas in deinem Leben verändern kann.

Distanziere dich von deinem Verstand

René Decartes war es, der gesagt hat: *„Ich denke, also bin ich“* – und damit den Fehler beging, den die meisten Menschen heutzutage machen: Sich mit ihrem Verstand zu identifizieren. Unser Verstand, das ist die Stimme in unserem Kopf, die den ganzen Tag lang etwas zu sagen hat und eigentlich nie die Klappe hält. Ursprünglich war unser Verstand als Werkzeug mit einer wichtigen Funktion gedacht: Seine Aufgabe sollte vor allem sein, uns dabei zu unterstützen, Entscheidungen zu treffen und uns vor Gefahren zu schützen. Doch wenn wir unseren Verstand als Werkzeug ansehen, dann müssen wir auch in der Lage sein, dieses Werkzeug wieder aus der Hand zu legen – zum Beispiel wenn wir einfach nur gemütlich zu Hause im Bett liegen und entspannen möchten. Doch genau hier beginnt das Problem: Jeder, der schon einmal versucht hat zu meditieren, oder einfach ein paar Minuten lang bewusst an nichts zu denken, weiß: Es ist gar nicht so einfach, unseren Verstand einmal kurz Pause machen zu lassen. Dieser lässt sich nämlich nicht einfach so auf Knopfdruck abschalten. Im Gegenteil – je verkrampfter wir versuchen, an nichts zu denken, umso wilder drehen sich unsere Gedanken im Kreis. Selbst, wenn wir uns eigentlich nur ausruhen möchten und keine Entscheidung zu treffen haben oder uns in keiner gefährlichen Situation befinden, rattert unser Verstand auf Hochtouren und macht sich Gedanken über das, was jemand in der Vergangenheit zu uns gesagt hat oder sorgt sich um die Zukunft. Längst schon hat unser Werkzeug uns unter Kontrolle anstatt umgekehrt: Wir benutzen nicht mehr unseren Verstand, sondern er benutzt uns.

Tatsächlich haben wir uns schon so sehr an die Stimme in unserem Kopf gewöhnt und uns mit ihr identifiziert, dass wir denken, wir seien diese Stimme. In Wahrheit aber handelt es sich dabei nur um einen Teil von uns – um den Teil, den Eckhart Tolle so treffend als unser „Ego“ bezeichnet. Bei den meisten Menschen ist dieses Ego heutzutage sehr stark ausgeprägt – was laut Eckhart Tolle die Ursache vieler

Probleme auf der Welt ist: Unser Ego möchte gefüttert werden. Es sehnt sich nach Anerkennung, danach „etwas zu sein" und hat Angst davor, nicht beachtet zu werden. So streben Menschen, die sich stark mit ihrem Verstand, also dem Ego, identifizieren, stets nach Anerkennung und Aufmerksamkeit von außen – ohne, dass ihnen dies bewusst wäre. Unser Verstand nährt sich an bewundernden Aussagen und Lob von anderen, in Richtung „Schau, was sie Tolles geleistet hat." Aber auch schwierige Lebensumstände oder eine Krankheit können von unserem Ego dafür verwendet werden, die Aufmerksamkeit anderer Menschen zu bekommen: Viele Menschen genießen es, Mitleid von anderen zu bekommen, á la „Der Arme macht gerade eine Scheidung durch" – ihr Ego hat dadurch das Gefühl, im Mittelpunkt zu stehen und etwas Besonderes zu sein. Das Fiese ist, dass einem Menschen mit ausgeprägtem Ego sein Verhalten gar nicht bewusst ist, da er sich vollständig mit seinem Ego identifiziert. Erst wenn uns klar wird, dass wir zwar einen Verstand (ein Ego) haben, aber nicht unser Verstand (Ego) sind, können wir einen Schritt zurück machen, unser eigenes Verhalten kritisch betrachten und es gegebenfalls ändern.

Haben wir erst einmal verstanden, was es mit dem Ego auf sich hat, sehen wir plötzlich, in wie vielen Konflikten – sei es auf persönlicher oder sogar nationaler Ebene – unsere Egos die Hauptrolle spielen. Wie so oft fällt uns dieses Verhalten jedoch eher bei anderen auf, als bei uns selbst. Denn sobald wir emotional werden und in einen Konflikt verwickelt sind, hat unser Ego bereits die Überhand. In dem Moment sind wir bereits vollständig mit unserem Ego identifiziert – wir *sind* unser Ego und können es daher auch nicht von außen neutral betrachten. Doch wenn es uns gelingt, für einen kurzen Moment Bewusstsein zu erlangen und uns von unserem Verstand zu differenzieren, haben wir bereits den ersten Schritt getan, um uns von unserem Ego zu lösen. Nur: Wie gelingt uns das?

Tatsächlich ist es alles andere als einfach, sich von seinem Ego zu lösen. Wirklich dauerhaft gelingt das nur einigen wenigen spirituell hochentwickelten Lehrmeistern. Doch auch wir als Normalsterbliche können es trainieren: Je öfter wir uns daran erinnern, dass wir zwar Gedanken haben, aber nicht unsere Gedanken sind, desto öfter können wir unseren Verstand beobachten, anstatt sein Sklave und völlig von ihm eingenommen zu sein. Du kannst das zum Beispiel üben, indem du mehrmals am Tag kurz innehältst und versuchst ein paar Minuten lang an nichts zu denken. Selbst wenn dir das nur für wenige Sekunden gelingt, hast du dich in dem Moment von deinem Verstand gelöst und dir bewusst gemacht, dass du mehr bist, als das Gedankenkarussell in deinem Kopf. Eine weitere Methode, um dich vom Verstand zu differenzieren, ist Meditation. Darauf werde ich später in einem eigenen Kapitel gesondert eingehen.

MUT

„Was kostet es eigentlich, Träume wahr werden zu lassen? Mut. Einfach nur Mut." - Unbekannt

Für meinen Podcast „Roadtrip Leben: Lebe deine Träume" interviewe ich seit Februar 2019 regelmäßig inspirierende Persönlichkeiten mit einem ungewöhnlichen Lebenslauf. Die meisten von ihnen haben sich irgendwann im Laufe ihres Berufslebens selbstständig gemacht – viele davon mit Tätigkeiten, bei denen man sich als Außenstehender erst einmal fragt: „Und wie genau kann man damit Geld verdienen?" Sie alle haben die unterschiedlichsten Geschichten, Berufe, Unternehmen und Persönlichkeiten. Wenn ich jedoch eine einzige Eigenschaft finden müsste, die alle meine Interviewgäste gemeinsam haben, dann wäre das folgende: Mut. Denn sie alle waren irgendwann einmal an dem Punkt, an dem sie sich auf unbekanntes Terrain begeben haben. An dem sie aus ihrer Komfortzone treten und etwas Neues wagen und ihren alten Job und das Gewohnte zurücklassen mussten. An dem Punkt, an dem sie etwas wagen mussten, obwohl ihnen die Zweifler in ihrem Umfeld einzureden versuchten, dass es die falsche Entscheidung sei – und obwohl sie vielleicht selbst ein kleines bisschen daran gezweifelt haben, dass es funktioniert. Und nur, weil sie mutig waren und es trotz Zweifel und Gegenwind gewagt haben, sind sie heute dort, wo sie sind: An dem Punkt, an dem ihre Träume zur Realität geworden sind, sie von ihrem Herzensbusiness leben können und jeden Tag das tun, was ihnen am meisten Freude macht.

Auch meine eigene Geschichte hat mir gezeigt, dass Mut belohnt wird. Nur, weil ich irgendwann einmal mutig genug war, meinen Vollzeitjob zu kündigen, ohne konkret zu wissen, was ich stattdessen machen könnte, ist es überhaupt dazu gekommen, dass ich mich mit eigenem Blog, Podcast und Werbeagentur selbstständig gemacht habe. Hätte ich damals nicht den Mut gehabt, meine Kündigung einzureichen, würde ich wohl immer noch fünf Tage die Woche in dem Büro sitzen und hätte nie herausgefunden, was ich eigentlich sonst noch so alles kann. Eine besonders schöne Geschichte ist auch, wie ich zu meinen ersten Kunden für die Werbeagentur gekommen bin: Mein ursprünglicher Plan, nachdem ich meinen Vollzeitjob gekündigt hatte, um meinen eigenen Blog aufzubauen, war, mir einen 20-Stunden-Job zu suchen, der mir erlauben würde, meinen Lebensunterhalt zu verdienen, bis mein eigenes Unternehmen genug Geld abwerfen würde. Das hat dann auch direkt geklappt, sodass ich gleich die Woche nach meinem letzten Arbeitstag im Vollzeitjob 2 ½ Tage die Woche in einer Agentur arbeitete. Leider aber stellte ich schnell fest, dass auch das nicht mein Traumjob war. Das Gehalt und die Arbeit waren zwar in Ordnung, aber so wirklich wohl fühlte ich mich dabei trotzdem nicht. Anfangs redete ich mir zwar ein, es sei ja nur eine Übergangslösung, bis mein Unternehmen an Fahrt zugenommen hatte, aber schon bald musste ich mir eingestehen: Irgendwie passte der Job und meine Einstellung dazu nicht so wirklich zu dem, was ich auf meinem Blog immer predige: Das Leben ist zu kurz, um in einem Büro zu sitzen, in dem man nicht sitzen möchte, und einen Job zu machen, den man nicht machen möchte. Und: Es liegt ganz alleine in unserer eigenen Verantwortung, etwas zu verändern, wenn wir feststellen, dass irgendetwas gerade nicht so optimal verläuft, wie wir uns das erträumt haben. Gegen Ende des Probemonats habe ich deshalb beschlossen, auf meine eigenen Worte zu hören, mutig zu sein – und auch diesen Teilzeitjob zu kündigen. Irgendwie habe ich tief in mir drinnen gespürt: Das kann nicht die einzige Möglichkeit sein, mein Unternehmen aufzubauen und gleichzeitig genug Geld zum Leben zu verdienen. Irgendwie wusste ich, dass da noch etwas Besseres auf mich wartet. Ich hatte keine Ahnung, welche Möglichkeit das sein könnte, aber ich war mutig genug, trotzdem zu kündigen. Was dann passierte, zeigte mir sehr eindrucksvoll, dass Mut vom Universum belohnt wird: Plötzlich kamen von verschiedenen Seiten Leute auf mich zu, die jemanden für Social Media und Content Marketing suchten und wissen wollten, ob ich sie dabei unterstützen könne. Und so kam es, dass ich noch im ersten Monat so viele Aufträge bekam, dass ich mich selbstständig machen und meinen Lebensunterhalt mit meiner eigenen Werbeagentur verdienen konnte. Doch das war nur möglich, weil ich mutig genug war, auch den Teilzeitjob, den ich davor angenommen hatte und der noch nicht so ganz das Wahre war, zu kündigen.

Wenn ich heute gefragt werde, was die wichtigste Eigenschaft ist, die man benötigt, wenn man seine Träume zur Realität machen will, dann antworte ich darauf: Mut. Einfach nur Mut.

Doch wie genau schafft man es, mutig genug zu sein, um sein Leben um 180 Grad zu drehen? Meiner Meinung nach spielen dafür vor allem zwei Aspekte eine Rolle: Das Verlassen der eigenen Komfortzone und auf sein Herz zu hören.

Komfortzone verlassen

Du hast große Träume? Du willst die Welt ein kleines Stück weit zu einem besseren Ort machen? Aber deine Vision und dein Wunschleben sind noch einige Schritte von deinem aktuellen Leben entfernt? Dann ist es an der Zeit, etwas zu verändern! Doch jegliche Art von Veränderung benötigt vor allem eins: Das Heraustreten aus deiner Komfortzone.

Jeder von uns hat seine ganz persönliche Komfortzone. Das ist der Bereich, in dem du dich wohlfühlst – in deinem gewohnten Umfeld, bei dem, was du so alltäglich machst. Wo du weißt: Darin bist du gut, dort macht dir so schnell keiner was vor. Diese Komfortzone ist auch nicht unbedingt etwas Schlechtes: Wenn wir uns in unserer Komfortzone bewegen, ist das für unseren Körper so etwas wie Erholung: Dort lauern keine Gefahren auf uns, wir kennen uns aus und können in den Energiesparmodus schalten. Doch vielleicht kennst du den Spruch *„Great things never came from comfort zones"* – also: Keine großartigen Dinge sind jemals aus der Komfortzone entstanden. Daran ist etwas Wahres. Wachstum passiert dann, wenn wir herausgefordert werden. Wenn wir Neues ausprobieren und dabei über uns hinauswachsen müssen. Und das geschieht nun einmal nicht in unserer bequemen Komfortzone! Das heißt also: Wenn du etwas in deinem Leben verändern und großartige Dinge erreichen möchtest, dann musst du aus deiner Komfortzone heraustreten. Und zwar immer und immer wieder.

Die meisten Menschen jedoch verlassen ihrer Komfortzone nicht gerne. Erstens, weil es bequem ist, darin zu bleiben. Und zweitens, weil sie Angst davor haben, sie zu verlassen.

Es gibt zwei Hauptängste, die uns überkommen, wenn wir dabei sind, aus unserer Komfortzone herauszutreten:

1. Wir haben Angst davor, zu scheitern, wenn wir etwas Neues wagen
2. Wir machen uns Sorgen, was die anderen von uns denken könnten und fürchten uns vor sozialer Ablehnung

Vielleicht hast du Jahre in deiner Komfortzone verbracht, möglicherweise sogar dein halbes Leben. Deshalb ist es auch mehr als verständlich, dass du nun eine gewisse Hemmung davor hast, sie zu verlassen und Ängste hochkommen, wenn du daran denkst. Doch Mut zu beweisen bedeutet nicht keine Angst zu verspüren – Mut bedeutet Angst zu haben und trotzdem zu handeln! Um dir den Schritt aus deiner Komfortzone heraus zu erleichtern, gibt es verschiedene

Methoden, die du anwenden kannst. Vier davon möchte ich dir im Folgenden vorstellen.

1. Visualisiere dein Ziel

Frage dich: Wie würde es sich anfühlen, wenn du diesen Schritt aus deiner Komfortzone heraus gemacht hast? Und dann stell' dir diesen Moment bildhaft vor, in welchem du realisierst: Du hast es wirklich gemacht! Bist du stolz auf dich? Feierst du dich selbst? Breitet sich ein warmes Gefühl in dir aus? Je lebhafter du dir vorstellst, wie du dich fühlen wirst, wenn du aus deiner Komfortzone herausgetreten bist, umso leichter wird es dir fallen, tatsächlich den Schritt zu machen, weil du im Geiste bereits am Ziel bist und spürst, wie gut es sich anfühlt.

2. Kontrolliere deine Atmung

Wenn du merkst, wie eine – oder vielleicht sogar beide – der zwei erwähnten Ängste in dir hochkriecht, kann es helfen, dich auf deine Atmung zu fokussieren. Nimm ein paar bewusste, tiefe Atemzüge und lenke deine Aufmerksamkeit ins Innere. Gerne kannst du dabei auch deine Augen schließen. Schon nach wenigen Atemzügen wirst du merken, wie du ruhiger wirst. Das ist dein Moment, den Schritt zu wagen!

3. Verpflichte dich selbst dazu

Ein psychologischer Trick, der dir dabei helfen kann den Schritt aus deiner Komfortzone zu machen, ist folgender: Erzähle möglichst vielen Menschen davon. Denn wenn du anderen von deinem Vorhaben erzählst, wird es ein Stück weit verbindlicher, als wenn es nur in deinem eigenen Kopf existiert. Außerdem wirst du so immer wieder Rückfragen á la „Und, hast du es schon gemacht?“ bekommen. Und du möchtest dir doch nicht die Blöße geben, darauf mit „nein“ antworten zu müssen, oder?

4. Stell dir das Worst-Case-Szenario vor

Eigentlich bin ich kein Fan davon, sich immer das Schlimmste auszumalen. Wenn du das Kapitel über die Gedanken, die deine Realität erschaffen, nicht übersprungen hast, weißt du auch wieso. In diesem Fall kann es aber tatsächlich helfen, wenn du dir kurzzeitig vorstellst: „Was ist denn das Schlimmste, was passieren kann?" Du wirst ausgelacht? Dein zukünftiger potentieller Arbeitgeber sieht es und du vergibst dadurch DIE Jobchance deines Lebens? Lass deinen Verstand ruhig ein wenig kreativ dabei sein, das Worst-Case-Szenario auszuschmücken. Irgendwann wirst du entweder merken, wie absurd deine Vorstellungen sind, oder dass eigentlich gar nichts so Schlimmes passieren kann. Beides wird dir dabei helfen, den Schritt zu wagen und deine Komfortzone zu verlassen.

Je öfter du aus deiner Komfortzone heraustrittst, desto leichter wird es. Denn jedes Mal, wenn du sie verlässt und feststellst, dass es auch ein Leben außerhalb gibt, lernt dein Gehirn: Oh, so schlimm war das doch gar nicht. Dann wird es dir beim nächsten Mal direkt ein Stück weit leichter fallen, deine Komfortzone zu verlassen. Du musst auch nicht sofort einen riesigen Schritt aus deiner Komfortzone heraus machen – es reicht, wenn du erst einmal Minischritte machst und dich langsam an das Gefühl gewöhnst. Denn mit jedem kleinen Schritt, der dir gelingt, wirst du ein wenig sicherer dabei werden. Du kannst also trainieren, aus deiner eigenen Komfortzone herauszutreten – ist das nicht großartig?

Wenn du es wirklich ernst meinst damit, mutig zu werden und zu trainieren aus deiner Komfortzone zu treten, dann kannst du folgende Challenge ausprobieren, bei der du eine Woche lang täglich mindestens einmal deine Komfortzone verlässt. Bist du bereit dafür?

Die Komfortzonen-Challenge:

Schnapp dir deinen Kalender und trage für die nächsten sieben Tage – beginnend mit heute (nein, nicht morgen oder übermorgen – Veränderungen beginnen immer heute!) – jeweils eine Sache ein, die du machen wirst, für welche du ein Stück weit aus deiner Komfortzone treten musst. Was genau das ist, das ist von Person zu Person unterschiedlich. Denn was für den Einen bereits ein riesiger Schritt aus der Komfortzone ist, ist für den Anderen vielleicht etwas ganz Normales, das er ohnehin täglich macht, ohne dass es ihn in irgendeiner Weise Mut kostet. Daher kannst auch nur du selbst festlegen, welche Challenge du dir für die nächsten sieben Tage setzt. Wichtig ist dabei: Das, was du dir vornimmst, kann eine ganz kleine Aktion sein – aber dir muss allein schon beim Gedanken daran mulmig im Bauch werden. Ein gutes Anzeichen dafür, dass die Handlung außerhalb deiner Komfortzone liegt, ist, wenn dir sofort Gedanken wie „Aber was werden denn da die Leute von mir denken?“ oder „Aber ich kann doch nicht…“ kommen. Aber Achtung: Es gibt einen Unterschied zwischen Angst und tatsächlicher Panik. Wenn du Angst vor etwas hast, aber mutig genug bist es trotzdem zu machen, würdest du dir zwar zwischendurch wünschen ganz weit weg zu sein, aber du kannst trotzdem noch klar denken und hast die Kontrolle über deinen Körper. Solltest du wirkliche Panik haben, verlierst du diese Kontrolle. Du gehst über dein eigenes Limit, was zu sogenannten Kurzschlussreaktionen führt, die sogar richtig gefährlich werden können. Angst vor etwas zu haben ist gut, wenn du aber richtige Panik hast, solltest du nicht weiter gehen, sondern einen Schritt zurück machen. Manche Leute haben zum Beispiel richtige Höhenangst und bekommen Panik, wenn sie in die Tiefe schauen. Diese sollten dann nicht gleich vom 5-Meter-Brett springen, sondern sich langsam an die Höhe gewöhnen, indem sie zum Beispiel erst einmal auf einen Stuhl steigen, dann vom 1-Meter-Brett runterschauen, und so weiter. Wenn du wirkliche Panik vor etwas hast, kann es auch Sinn machen, diese mit einem Experten aufzuarbeiten. Oftmals ist

Panik nämlich mit einem traumatischen Erlebnis deiner Vergangenheit verknüpft, welches erst aufgearbeitet werden muss, bevor man sie überwinden kann.

Hier sind ein paar Anregungen dafür, was du dir für diese Woche vornehmen könntest:

- In zwei verschiedenen Schuhen aus dem Haus gehen, zum Beispiel einem Turnschuh am linken und einem Flipflop am rechten Fuß
- In einem vollen Aufzug plötzlich ohne Vorwarnung beginnen das Lied „Alle meine Entchen“ zu singen
- Eine fremde Person auf der Straße ansprechen und ihr ein ehrlich gemeintes Kompliment machen
- Die nächste Person, welche dir gut gefällt, ansprechen und um ein Date bitten
- Morgens unter die eiskalte Dusche stellen (was für positive Nebeneffekte kaltes Duschen übrigens hat wird im Kapitel Biohacking noch ausführlich beschrieben)
- In aller Öffentlichkeit eine Rede über irgendein Thema deiner Wahl halten
- Etwas essen oder trinken, vor dem du dich ekelst (wenn dir spontan nichts einfällt, vor dem du dich ekelst, mische zum Beispiel ein halbes Glas Wasser mit einem Schuss Essig, drei Löffel Ketchup und einer Prise Pfeffer)
- Vom 5-Meter-Brett im Freibad springen
- Alleine in eine Bar, auf ein Konzert, in ein Restaurant oder ins Kino gehen
- Dich für einen Kurs anmelden, beispielsweise einen Fitnesskurs oder einen Sprachkurs

Auf dein Herz hören

Ein weiterer Aspekt, der dich der Verwirklichung deiner Träume näherbringen wird, ist: Auf dein Herz zu hören. Vielleicht hast du, als du die Überschrift dieses Kapitels gelesen hast, erst einmal das Gesicht verzogen. „Auf dein Herz hören"… Das klingt eher nach einer abgedroschenen Phrase, als nach einem konkreten Tipp, oder? Möglicherweise fragst du dich auch, was dieser Punkt im Kapitel „Mut" zu suchen hat. Doch lass dir sagen: Ich habe „auf dein Herz hören" ganz bewusst hier platziert, weil es genau das erfordert: Eine große Portion Mut.

Wir alle kennen diese Stimme in unserem Kopf, die eigentlich überall ihren Senf dazugibt und nie wirklich still ist, nur zu gut. Das ist die Stimme unseres Verstandes, über die wir bereits im letzten Kapitel gesprochen haben. Dann gibt es da aber auch noch diese leise Stimme in uns, die oftmals wegen der lauten Stimme unseres Verstandes gar nicht wirklich zu hören ist: Die Stimme unseres Herzens, auch Intuition oder Bauchgefühl genannt. Als Kind hören wir diese Stimme noch sehr deutlich, doch je älter wir werden, desto mehr werden wir darauf trainiert, der Stimme unseres Verstandes zu folgen: Es wird von uns verlangt, unsere Entscheidungen zu begründen und sie rational zu treffen. Entscheidungen, die auf der Stimme unseres Herzens basieren, haben jedoch keine Begründung – sie fühlen sich einfach richtig an. So wird uns im Laufe der Jahre abgewöhnt, Entscheidungen nach Bauchgefühl zu treffen. Je weniger wir diese Fähigkeit nutzen, desto mehr gerät sie in den Hintergrund und desto leiser wird die Stimme unseres Herzens, bis wir sie schließlich gar nicht mehr hören. Das ist jedoch sehr schade, denn tatsächlich ist unser Herz in den allermeisten Lebenslagen ein viel besserer Ratgeber als unser Verstand. Während unser Verstand nämlich nur die Informationen in seine Entscheidung miteinbeziehen kann, welche er bewusst gesammelt hat, weiß unser Herz intuitiv, welcher der richtige Weg für uns ist. Die Hauptaufgabe unseres Verstandes ist, uns zu beschützen, weshalb er uns gerne in unserer Komfortzone hält. Doch wie wir bereits gelernt haben, müssen wir zur Verwirklichung unserer Träume so gut wie immer aus unserer Komfortzone heraustreten – und unser Herz weiß das. Ein weiterer Grund, wieso du lieber auf dein Herz als auf deinen Verstand hören solltest, ist folgender: Unser Verstand kümmert sich stets darum, was die anderen Menschen von uns denken und trifft Entscheidungen auf Basis der Meinung anderer, während unser Herz sich einzig und allein um uns selbst sorgt.

Wie aber gelingt es uns, die Stimme unseres Herzens wieder wahrzunehmen, nachdem wir sie jahrelang ignoriert haben? Die Antwort ist: Indem wir allen Lärm im Außen sowie die laute Stimme unseres Verstandes verstummen lassen. Denn die Stimme unseres Herzens ist nicht verschwunden, sie ist immer noch da – wir haben nur zugelassen, dass alle anderen Stimmen so laut wurden, dass sie die Stimme unseres Herzens übertönen. Eine gute Methode, unseren Verstand zum Schweigen zu bringen, ist Meditation. Darauf gehe ich im nächsten Kapitel noch einmal gesondert ein. Ebenfalls empfehlenswert ist es, raus in die Natur zu gehen und dich wieder mit Mutter Erde zu verbinden. Egal ob in den Bergen, am Strand, im Wald oder in der Wüste: Wenn du all den Ablenkungen deiner gewohnten Umgebung und dem Stadtlärm entfliehst, wirst du merken, wie du nach und nach immer mehr bei dir selbst ankommst. Allgemein ist jede monotone Beschäftigung und Umgebung perfekt dafür, um dich wieder mit deiner inneren Weisheit zu verbinden. Vielleicht kennst du das: Die besten Ideen kommen immer beim Spazierengehen, Joggen, Duschen, Kochen oder im Flugzeug… Das sind die Situationen, in denen sich dein Verstand ausschaltet und Platz für deine Intuition macht. Das ist auch der Grund, warum viele Menschen, wenn sie vor wichtigen Wendepunkten in ihrem Leben stehen, den Jakobsweg oder andere Pilgerwege gehen: Die tagelange monotone Bewegung, in Kombination mit Schweigen und der Verbindung mit der Natur, sorgt dafür, dass sie wieder in Kontakt mit ihrer Essenz kommen und sich darauf besinnen können, was sie eigentlich wirklich möchten – fernab aller Erwartungen und Auferlegungen von außen.

In einer Welt, in der nur rationale Entscheidungen gefragt sind und die meisten Menschen verlernt haben, ihrem Bauchgefühl zu vertrauen, kostet es unglaublich viel Mut, auf die Stimme unseres Herzens zu hören. Doch wenn wir es schaffen, mutig genug zu sein, genau das zu tun, dann werden wir belohnt. Denn Entscheidungen, die auf der Stimme unseres Herzens basieren, sind die Entscheidungen, die uns langfristig am glücklichsten machen.

PROGRAMMIERUNG DES UNTERBEWUSSTSEINS

„Die Erkenntnis, dass das Unterbewusstsein durch Gedanken gelenkt werden kann, ist vermutlich die größte Entdeckung aller Zeiten“ – William James

Wenn du das Buch von Anfang an gelesen hast und nicht erst irgendwo eingestiegen bist, dann bist du nun schon ziemlich weit gekommen. Daher möchte ich dir an dieser Stelle mein ehrliches Lob aussprechen. Du scheinst es wirklich ernst damit zu meinen, etwas in deinem Leben verändern zu wollen! Bevor wir weitermachen, würde ich gerne wissen, wie es denn mit deiner Konzentration aussieht. Falls du dich schon ein wenig erschlagen von all den Techniken und Möglichkeiten, die dich voranbringen, fühlst, mach an dieser Stelle gerne eine kurze Pause, bevor du weiterliest. Denn dieses Kapitel ist vielleicht das allerwichtigste Kapitel dieses Buches. Daher möchte ich, dass du möglichst frisch im Kopf und aufnahmefähig bist, wenn du es liest.

Du bist zurück und bereit dafür, das Geheimnis zu erfahren, wie du es schaffst deine Träume zu verwirklichen? Wunderbar! Alle Methoden, die im zweiten Teil dieses Buch in den verschiedenen Kapiteln angesprochen werden, haben ihre Daseinsberechtigung. Sie alle haben mich persönlich ein ganzes Stück weitergebracht. Hätte ich auch nur einen Punkt davon ausgelassen, wäre ich heute nicht dort, wo ich bin. Doch während alle anderen Kapitel dieses Buches an der Oberfläche kratzen und rein mit unserem Verstand umgesetzt werden können, gehen wir in diesem Kapitel viel tiefer: Wir beginnen damit, unser Unterbewusstsein zu programmieren.

Im ersten Teil dieses Buches, als es um unbewusste negative Glaubenssätze ging, hast du bereits eine Menge über das Unterbewusstsein gelernt, beispielsweise dass es zu rund 95% unser Leben bestimmt. Genau darum ist dieses Kapitel so wertvoll: Du lernst nun Methoden kennen, welche dir erlauben dein Unterbewusstsein so zu programmieren, wie du es gerne hättest.

Visualisieren

Eine sehr einfache Möglichkeit, das Unterbewusstsein zu programmieren, ist die Technik der Visualisierung. Dabei stellt man sich ein gewünschtes Ereignis in der Zukunft vor dem geistigen Auge so vor, als ob man es gerade tatsächlich durchlebt. So kann man beispielsweise seine persönlichen Ziele visualisieren. Wichtig ist dabei, sich die Erfüllung seiner Ziele so bildlich und lebendig vorzustellen, dass eine emotionale Reaktion hervorgerufen wird und man wirklich die Freude und Glücksgefühle spüren kann, welche man in dieser Situation verspüren würde. Wiederholt man die Visualisierung des Ereignisses mehrmals, geht sie irgendwann in unser Unterbewusstsein über. So können wir unser Unterbewusstsein ganz gezielt darauf programmieren, dass das gewünschte Ereignis eines Tages auch tatsächlich eintritt.

Spitzensportler wenden die Methode der Visualisierung schon längst an, um an die Weltspitze zu kommen und Wettkämpfe zu gewinnen. Aber auch viele andere erfolgreiche Menschen haben sich ihren Erfolg zuvor visualisiert und nutzen diese Methode noch immer regelmäßig, um neue Ziele zu erreichen. Tatsächlich wendet jeder Mensch die Technik der Visualisierung an – die meisten jedoch unbewusst. Denn jeder sich immer wiederholende Gedanke, jedes einzelne Wort und jede Handlung programmiert unser Unterbewusstsein. Je bildlicher wir uns etwas vorstellen können und je mehr

Emotionen wir bei dieser Vorstellung verspüren, desto leichter übernimmt es unser Unterbewusstsein. Leider programmieren sich jedoch genauso Gedanken ein, welche für unsere Ziele nicht unbedingt förderlich sind… Damit genau das ab sofort nicht mehr passiert, ist es so wichtig, dass du achtsam bist mit deinen Gedanken!

Im Kapitel über Klarheit hast du bereits deine Ziele und deine Bucketlist fürs Leben definiert. Nun kannst du die Methode der Visualisierung dafür anwenden, diese Ziele, beziehungsweise die Punkte auf deiner Bucketlist, zu erreichen. Dafür kannst du sowohl in das Gefühl, welches du hast, wenn du dein Ziel erreichst, reingehen, als auch dir die einzelnen Schritte auf deinem Weg dorthin bildlich vorstellen. Idealerweise ist deine Visualisierung eine Kombination aus beidem. Mach dir diese Visualisierung zur täglichen Gewohnheit – so lange, bis du dein Ziel tatsächlich erreicht hast. Alles, was du dafür brauchst, sind ein paar Minuten Zeit und ein Ort, an dem du ungestört bist. Setz dich für deine Visualisierung bequem hin, schließe die Augen und stell dir so bildhaft und lebendig wie möglich vor, dass du dein Ziel bereits erreicht hast. Wie fühlt sich das an? Bist du stolz auf dich, oder einfach nur dankbar? Wo bist du in diesem Moment? Wer sind die Personen an deiner Seite? Feiern sie dich? Welche Gerüche und Geräusche kannst du wahrnehmen, wie sieht die Umgebung aus? Wenn du diese Situation und die Freude, die du in dem Moment verspürst, wirklich tief in dir wahrnehmen kannst, dann geh ein paar Schritte zurück und frage dich: Wie bist du dorthin gekommen? Was war alles notwendig, damit du heute dort stehst? Was hast du dafür gemacht, wie lange hast du gebraucht? Wer oder was hat dir auf deinem Weg geholfen? Je detaillierter du dir das vorstellen kannst, desto leichter wird es für dein Unterbewusstsein die Information zu akzeptieren und zu speichern.

Diese Technik der Visualisierung alleine – wenn über einen längeren Zeitraum immer wieder durchgeführt – ist bereits sehr machtvoll. Es gibt aber noch weitere Methoden zur Programmierung des Unterbewusstseins, welche mit

Visualisierung verbunden werden können und damit sowohl den Übergang der Visualisierung ins Unterbewusstsein beschleunigen, als auch den Effekt verstärken. Drei davon stelle ich nun im Folgenden vor.

Meditation

Meditation ist eine uralte Praxis, welche schon vor Jahrtausenden in den unterschiedlichsten Kulturen praktiziert wurde. Doch während man sich noch vor Jahren allenfalls einen buddhistischen Mönch dabei vorstellte, ist die Meditation heutzutage längst auch in unserer westlichen Welt angekommen. Viele Menschen meditieren inzwischen regelmäßig, ganz unabhängig von ihrer Religion. Die meisten Leute unserer westlichen Kultur schätzen Meditation vor allem als Ventil gegen Stress: Es ist wissenschaftlich bewiesen, dass Meditation das Stresserleben reduziert und dabei hilft, seine eigenen Gedanken zu sortieren und zur Ruhe zu kommen. Nicht umsonst besagt ein altes Zen-Sprichwort: „Du sollst täglich 20 Minuten meditieren. Außer du hast keine Zeit dafür – dann meditiere eine Stunde lang." Nebenbei verbessert Meditation langfristig die Konzentration und Körperwahrnehmung, sorgt für einen besseren Schlaf, stärkt das Immunsystem und senkt den Blutdruck. Das alleine sollte Grund genug dafür sein, eine regelmäßige Meditationspraxis aufzunehmen. Doch es kommt noch besser: Abgesehen von den positiven Auswirkungen auf unseren gesamten Körper eignet sich Meditation auch wunderbar dafür, unser Unterbewusstsein zu programmieren. Mit etwas Übung können wir mit Hilfe von Meditation unseren Bewusstseinszustand verändern und somit gezielt in einen Zustand wechseln, in welchem unser Unterbewusstsein zugänglicher ist. Der Neurowissenschaftler Dr. Joe Dispenza beispielsweise erforscht seit Jahren dieses Thema mittels Gehirnwellenmessung während der Meditation. Daraus entstanden zahlreiche Bücher, in denen er erklärt, wie man

Meditation gezielt nutzen kann, um seine Gedanken und damit seine Realität zu verändern.

Im Laufe des Tages durchlaufen wir abwechselnd verschiedene Bewusstseinszustände, in welchen unser Gehirn ein bestimmtes Wellenmuster aufzeigt. Die Wissenschaft unterscheidet bisher zwischen Alpha-, Beta-, Delta-, Gamma- und Theta-Gehirnwellen. Ein erwachsener Mensch verbringt die meiste Zeit seines Tages im Betabereich. In diesem bewussten Wachzustand sind seine Gedanken aktiv, die Aufmerksamkeit ist auf das Außen und seine Umwelt gerichtet. Beta-Wellen haben eine Frequenz zwischen 13 und 50 Hertz. Da es so starke Abstufungen gibt, unterscheidet man zwischen nieder-, mittel- und hochfrequenten Betawellen. Niederfrequente Beta-Wellen haben eine Frequenz zwischen 13 und 14 Hertz. In diesem Bereich befinden wir uns, wenn wir zum Beispiel ein Buch lesen, mit dessen Thema wir bereits vertraut sind. Mittelfrequente Betawellen zwischen 15 und 22 Hertz entstehen, wenn wir uns stärker konzentrieren, beispielsweise beim Lernen und bewussten rationalen Denken. Hochfrequente Betawellen von 22 bis 50 Hertz sind eine Art Überlebensmechanismus des Körpers, wenn er sich in Gefahr befindet. Wer sich langfristig in diesem Zustand befindet, befindet sich in Dauerstress und es fällt ihm schwer abzuschalten, was langfristig sehr ungesund ist. Sinkt die Frequenz unserer Gehirnwellen auf ca. 8 bis 13 Hertz ab, wechseln wir in den Alpha-Zustand, welcher die Brücke zwischen Bewusstsein und Unterbewusstsein ist. In diesem Zustand befinden wir uns zum Beispiel wenn wir tagträumen, visualisieren oder merken, dass wir während der Meditation völlig entspannen und uns mehr nach innen ausrichten. Dieser Alpha-Zustand während der Meditation ist notwendig, damit wir uns anschließend bewusst daran erinnern können. Theta-Gehirnwellen sind die Wellen des Unterbewusstseins mit einer Frequenz von ca. 4 bis 8 Hertz. Sie sind während der Traumschlafphase messbar sowie während wirklich tiefer Meditation, in der der Körper einschläft, aber der Geist vollständig wach ist. Der Theta-Zustand ist der Zustand spiritueller Verbindung und das Erlebnis, welches die meisten Menschen beim Meditieren suchen. Delta-Wellen mit einer Frequenz von 0,5 bis 4 Hertz kommen im Tiefschlaf vor. Dabei handelt es sich um einen absolut unbewussten Zustand, in den wir keine aktive Einsicht haben. Der Vollständigkeit halber seien hier auch noch die Gamma-Wellen erwähnt, welche in einer hohen Frequenz von 40 bis 200 Hertz ausschlagen. Sie wurden während höherer Geisteszustände wie Glück, Mitgefühl oder erhöhtem Bewusstsein gemessen und meist als transzendentes Erlebnis beschrieben. Bei der Meditation versuchst du, die Frequenz deiner Gehirnwellen langsam abzusenken, also vom Beta-Zustand in einen Alpha- und anschließend Theta-Zustand zu gelangen. Eine ideale, tiefe Meditation besteht aus einer Kombination aus Theta- und Alpha-Wellen. Thetawellen liefern die spirituellen Erfahrungen, während die Alpha-Wellen dafür sorgen, dass wir uns bewusst daran erinnern können. Wenn wir Meditation dafür verwenden möchten, unser Unterbewusstsein zu programmieren, nutzen wir die Alpha-Wellen dafür, uns bewusst daran zu erinnern, was wir visualisieren und in unser Unterbewusstsein einprägen wollen – die Theta-Wellen sorgen dafür, dass die Information ins Unterbewusstsein kommt.[7]

Um Meditation als Unterstützung deiner Visualisierung zu nutzen, musst du kein Wissenschaftler sein und auch nicht deine Gehirnwellen messen. Diese Information ist nur dafür da, damit du verstehst, was während der Meditation passiert und wieso es so eine wertvolle Methode zur Veränderung deines Unterbewusstseins ist. Wichtiger als alles theoretische Wissen über Meditation ist jedoch, dass du weißt, wie du sie anwenden kannst – und dann so lange übst, bis es dir gelingt, damit ganz bewusst deine Gedanken zu verändern. In einen meditativen Zustand zu kommen erfordert etwas Übung. Denn dafür ist es notwendig, dass unser Geist zur Ruhe kommt und wir uns vollständig auf unser Inneres konzentrieren. Höchstwahrscheinlich wird es dir am Anfang

[7] Dr. Joe Dispenza: Ein neues Ich

nicht direkt gelingen, deine Gedanken wegzuschalten und in einen Theta-Zustand zu gelangen. Das ist völlig okay – es ist noch kein Meister vom Himmel gefallen! Nimm dir für deine ersten Meditationen nur vor, einfach so gut wie möglich zu entspannen – alles Weitere passiert dann irgendwann von ganz alleine.

Wenn du gerne eine Schritt-für-Schritt Anleitung dafür hättest, wie du dein Unterbewusstsein mit Hilfe von Meditation gezielt programmieren kannst, kann ich dir das Buch „Ein neues Ich" von Dr. Joe Dispenza empfehlen. Darin findest du einen 4-wöchigen „Prozess der neuronalen Umstrukturierung" mit Übungen und Texten für eine geführte Meditation, welche du entweder extra dazukaufen oder einfach selbst aufnehmen kannst. Wenn du den Anleitungen aus dem Buch folgst, wirst du direkt in den Prozess einsteigen und vier Wochen am Stück täglich meditieren. Gestartet wird mit einem Teil des Prozesses, welcher jede Woche um ein Stück erweitert wird, bis die Meditation schließlich um die 40 Minuten dauert. Das ist zwar durchaus machbar, allerdings kann es sein, dass dir als kompletter Meditationsneuling täglich 40 Minuten Meditation zu viel sind und dich eher abschrecken. In diesem Fall – oder wenn du Meditation nur mal ausprobieren und üben möchtest, um die Technik zu einem späteren Zeitpunkt zum Visualisieren zu verwenden – empfehle ich dir einfach dich ohne die Anleitung aus Dr. Joe Dispenzas Buch langsam an das Thema heranzutasten. Da Meditation, wie bereits erwähnt, meist etwas Übung benötigt, bevor sie wirklich Spaß zu machen beginnt und man versteht, wieso so viele Menschen davon schwärmen, solltest du dir einen Zeitrahmen setzen, wie lange du es mindestens ausprobieren möchtest, regelmäßig zu meditieren. Unter regelmäßig verstehe ich zumindest alle zwei bis drei Tage, am besten machst du es dir aber direkt zur Gewohnheit täglich zu üben. Nimm dir dafür am Anfang nur ein paar Minuten vor – es wird dir erstmal ohnehin schwerfallen, dich länger als drei bis zehn Minuten zu konzentrieren. Zu welchem Tageszeitpunkt du meditierst, ist eigentlich egal. Ich empfehle dir jedoch entweder morgens direkt nach dem Aufwachen oder abends vor dem Schlafengehen zu meditieren, da zu diesem Zeitpunkt unser Körper noch oder schon wieder im Halbschlaf und unser Unterbewusstsein leichter zugänglich ist.

Es gibt viele verschiedene Arten von Meditation. Grundsätzlich kann man zwischen aktiven und passiven Meditationsarten unterscheiden. Wie der Name schon sagt, ist man bei aktiven Meditationsformen aktiv: Man integriert Bewegung in die Meditationspraxis, beispielsweise bei der Gehmeditation. Bei passiver Meditation lässt man den Körper ruhen, wie zum Beispiel bei der klassischen Stillmeditation im Sitzen. Ebenfalls kann man zwischen freier und geführter Meditation unterscheiden. Viele Menschen bevorzugen anfangs geführte Meditationen, bei der man einem Meditationslehrer oder einer Audioanleitung lauscht. Im Internet gibt es zahlreiche kostenlose geleitete Meditationen. Wenn du dich für diese Art der Meditation interessierst, kannst du einfach einmal auf YouTube danach durchsuchen und verschiedene ausprobieren. Da jeder Meditationsanleiter eine andere Stimme und seine ganz eigene Art hat, eine Meditation aufzubauen und den Hörer durchzuführen, wird dir wahrscheinlich nicht jede Aufnahme gleichermaßen zusagen. Ich selbst bin allgemein eher ein Fan von freier Meditation, jedoch finde ich die geleiteten Meditationen von Laura Malina Seiler zum Beispiel ganz angenehm.

Wenn du einfach einmal eine freie Stillmeditation ausprobieren möchtest, brauchst du dafür gar nichts weiter außer einen Ort, an dem du ungestört bist. Setz dich dafür aufrecht hin. Je nach Meditationsrichtung gibt es verschiedene Empfehlungen für den Meditationssitz – der klassische wäre der Lotussitz. Ich persönlich behaupte ja: Viel wichtiger als die Art und Weise, wie du sitzt, ist, dass du bequem sitzt. Ob Schneidersitz, auf den Knien oder auch aufrecht, ohne dich anzulehnen, auf einem Stuhl – wichtig ist, dass dir nicht schon nach wenigen Minuten die Beine einschlafen, da es dir sonst sehr schwerfallen wird, die Aufmerksamkeit von deinem Körper wegzulenken. Deine Hände legst du auf deinen

Oberschenkeln ab – mit der Handfläche nach oben oder nach unten, so wie es sich für dich natürlicher anfühlt. Wenn die Handflächen nach oben zeigen, kannst du die Fingerspitzen von Daumen und Zeigefinger leicht aufeinanderlegen. Nun schließe die Augen und konzentriere dich auf deinen Atem. Spüre, wie sich beim Einatmen deine Lungen mit Sauerstoff füllen. Achte darauf, dass du in den Bauch einatmest – es sollte sich deine Bauchdecke heben, nicht dein Brustkorb. Anschließend atmest du wieder vollständig aus, und beginnst wieder von vorne. Jeden Gedanken, der nun in deinem Kopf auftaucht, lässt du liebevoll weiterziehen. Du wirst überrascht sein, wie schwer es dir fällt, dich auch nur für ein paar Sekunden auf nichts anderes zu konzentrieren als auf deinen Atem. Vielleicht beschäftigst du dich plötzlich mit Dingen, von denen du geglaubt hast, dass sie längst der Vergangenheit angehören oder völlig irrelevant und nutzlos sind. Das ist ganz normal, treibt viele Meditationsanfänger jedoch fast in den Wahnsinn. Es braucht viel Übung, seine Gedanken ausschalten zu können, also sei nicht so streng mit dir. Sobald du merkst, dass sich dein Verstand an irgendetwas festbeißt, hast du den ersten Schritt, nämlich das Erkennen, bereits gemacht. Bring dann deine Aufmerksamkeit einfach wieder liebevoll zurück auf deinen Atem. Es genügt, wenn du täglich ein paar Minuten in dieser Meditationsübung verbringst. Anfangs werden dir diese Minuten vorkommen wie Stunden. Du kannst dir auch eine Stoppuhr stellen und versuchen, nach und nach die Zeit auszudehnen. Es gibt sogar Apps, die dich beim Meditieren unterstützen, beispielsweise die App „Calm“ oder „7Mind“, welche nicht nur geführte Meditationen im Programm haben, sondern auch die Möglichkeit, verschiedene Intervalle einzustellen – ein Gongschlag zeigt dir dann von Zeit zu Zeit, wie lange du schon meditierst oder dass es Zeit ist, wieder zurückzukommen.

Wie bereits erwähnt braucht es etwas Übung, um in einen Zustand der völligen Loslösung zu kommen, in dem du Zeit und Raum vergisst und komplett ohne Gedanken bist. Am einfachsten gelingt das dann, wenn du überhaupt nicht damit rechnest – sobald du es dir nämlich als Ziel setzt, ist dein Verstand schon wieder mit dabei und du hast verloren. Ich selbst meditiere seit rund zwei Jahren fast täglich und auch mir gelingt es nicht jedes Mal, dorthin zu kommen. Deshalb ist meine Empfehlung, ganz ohne Erwartungen an die Meditationspraxis heranzugehen und einfach mal zu schauen, was passiert. Denn auch, wenn du nicht „abhebst“ hat die Meditation einen beruhigenden und entspannenden Effekt auf dich und du wirst schon bald merken, dass es dir guttut, einmal am Tag zur Ruhe zu kommen und den Blick weg vom Außen nach innen zur richten.

Wenn ich Meditation gezielt zum Visualisieren einsetzen möchte, hänge ich die Visualisierung meist ans Ende meiner freien Meditation. Ich stelle mir dann im Zustand völliger Entspannung vor, wie ich meine Ziele erreiche und versuche, in das Gefühl, das ich dabei habe, reinzugehen. Das fühlt sich dann so gut an, dass ich ganz euphorisch werde und anschließend, wenn ich wieder aus der Meditation rauskomme und die Augen öffne, gar nicht mehr aufhören kann von einem Ohr übers andere zu strahlen – so sehr freue ich mich darauf, meine Ziele zu erreichen.

Brainwave Entrainment

Neben der Meditation gibt es auch noch andere Wege, unser Gehirn absichtlich in eine gewisse Gehirnwellenfrequenz zu versetzen: Das sogenannte Brainwave Entrainment, welches man in Richtung „Abstimmung der Gehirnwellen“ übersetzen kann. Darunter versteht man die Reaktion und Anpassung des Gehirns an eine gezielte Stimulation von außen: Tatsächlich ist es möglich, beispielsweise durch Musik, welche eine bestimmte Frequenz hat, die Frequenz unserer Gehirnwellen zu verändern und uns so ganz bewusst innerhalb weniger Minuten in einen gewünschten Bewusstseinszustand zu versetzen. Diese spezielle Musik kann uns, je nachdem aus welchen Tönen auf welcher Frequenz sie besteht, in einen Zustand tiefer Meditation versetzen oder uns dabei helfen, uns besser zu konzentrieren, wenn wir sie beispielsweise bei der Arbeit oder beim Lernen hören. Ebenso kann sie als Einschlafhilfe fungieren, Stress und Panikattacken reduzieren, und vieles mehr.

Ein Beispiel für solche Musik sind isochrone Beats, welche aus einem einzigen Ton bestehen, der immer nur ganz kurz hörbar ist, dafür aber oft hintereinander. Durch diese pulsartigen Schläge wird das Gehirn effektiv stimuliert. Ein weiteres Beispiel für Musik, die gezielt zur Veränderung unserer Gehirnwellen eingesetzt werden kann, sind binaurale Beats. Diese bestehen aus zwei leicht unterschiedlichen Tönen, die über Kopfhörer gleichzeitig auf jeweils einem Ohr gehört werden. Dadurch addieren oder subtrahieren sich die Wellen, wodurch im Gehirn eine einzige Welle entsteht. Durch diesen Trick werden auch tiefe Frequenzen unter 16 Hertz in unserem Gehirn abgebildet, welche für das menschliche Gehör normalerweise nicht wahrnehmbar sind.[8]

Isochrone oder binaurale Beats gibt es sogar kostenlos auf YouTube oder Spotify. Ansonsten gibt es auch bereits zahlreiche Apps und Webseiten zu dem Thema – stöbere einfach mal durch deinen Appstore am Smartphone oder suche im Internet danach. Ein Anbieter ist zum Beispiel Neobeats, welche Mitgliedschaften anbieten, für die du monatlich einen kleinen Betrag bezahlst und dafür aus einer großen Anzahl an Brainwave Entrainment Musik zum Thema Schlaf, Meditation, Entspannung, Selbstfindung und Energie wählen kannst. Dank 7-tägiger Testphase kannst du das Angebot auch vorerst kostenlos und unverbindlich testen.[9]

Wenn du Brainwave Entrainment zum Visualisieren anwenden möchtest, brauchst du nichts weiter als einen Ort, an dem du ungestört bist, die Musik und Kopfhörer. Schließe die Augen und gehe, während die Musik läuft, durch die ganz normale Visualisierung deiner Ziele, welche am Anfang des

---

[8] https://www.neuro-programmer.de/gehirnwellen/was-ist-entrainment/

[9] https://neobeats.de/

Kapitels beschrieben wurde. Die Musik hilft dir dabei, in den optimalen Bewusstseinszustand für die Visualisierung zu kommen, sodass dein Verstand zur Ruhe kommt und die Visualisierung direkt ins Unterbewusstsein gehen kann. Wie immer gilt: Wiederholung ist der Schlüssel zum Erfolg. Am besten visualisierst du auch mit Brainwave Entrainment täglich oder zumindest mehrmals wöchentlich – so lange, bis sich das, was du visualisierst, tatsächlich in deiner Realität wiederfindet.

Brainwave Entrainment ist übrigens nicht nur über Musik und damit den Hörsinn möglich, sondern auch über andere Sinne, beispielsweise den Sehsinn über Lichtimpulse. Es gibt spezielle LED-Brillen, welche eingebaute Lämpchen haben, die in der eingestellten Frequenz aufleuchten. Diese Brillen sind jedoch sehr teuer, weshalb ich dir empfehle, erst einmal die wesentlich günstigere Methode mit Musik auszuprobieren.

Visionsboard

Nun kennst du zwei Methoden, welche durch die bewusste Veränderung der Gehirnwellen deine Visualisierung noch verstärken können. Wenn dir das zu abgefahren oder zu aufwendig ist, kann ich dir noch eine weitere, sehr beliebte Methode ans Herz gelegt: Die Gestaltung eines Visionsboards. Dabei handelt es sich ganz einfach um eine grafische Darstellung deiner Ziele und Träume. Wenn du künstlerisch begabt bist, kannst du zum Beispiel aufzeichnen, wie es aussieht, wenn du deine Ziele erreicht hast. Wer malerisch ungefähr so begabt ist wie ich, der bastelt lieber eine Collage: Dafür kannst du zum Beispiel aus alten Zeitschriften und Magazinen Bilder ausschneiden, die mit deinen Träumen und Zielen zusammenpassen und sie auf eine Leinwand oder ein großes Blatt Papier kleben. Natürlich kannst du auch eine Pinnwand verwenden oder ein Brett basteln, zum Beispiel aus Kork oder einem Holzrahmen, zwischen welchem du Schnüre spannst, an die du die Bilder mit kleinen Klammern hängen kannst. Alternativ kannst du dein Visionsboard auch am Computer zusammenstellen, indem du zum Beispiel eine

Collage in Powerpoint oder einem Worddokument erstellst. Der Vorteil davon ist, dass du eine quasi unendliche Auswahl an Bildern hast, welche im Internet verfügbar sind, und nicht auf die Bilder angewiesen bist, die du in alten Zeitschriften findest. Ich empfehle dir aber, dein Visionsboard im Anschluss auszudrucken und nicht nur auf deinem Computer liegen zu lassen, da es in Papierform, in der es sich auch anfassen und aufhängen lässt, realer wird.

Schon das Basteln eines Visionsboards alleine macht nicht nur Spaß, sondern hat auch eine positive Auswirkung auf dein Unterbewusstsein: Dadurch, dass du dir überlegst, was denn auf deinem Visionsboard zu sehen sein soll, wie du das bildhaft mit dem vorhandenen Material ausdrücken kannst und wie du es anschließend auf der Fläche, die du zur Verfügung hast, anordnest, beschäftigst du dich intensiv mit deinen Träumen und Zielen. Wenn dein Visionsboard dann einmal fertig ist, hängst du es am besten an einem Ort auf, an dem du es jeden Tag vor Augen hast. So wird es dich täglich an deine Träume und Ziele erinnern und unterstützt dich bei der Visualisierung.

Affirmationen

Eine weitere Methode, das Unterbewusstsein umzuprogrammieren, sind Affirmationen. Diese eignen sich zum Beispiel dafür, negative unbewusste Glaubenssätze mit positiven Glaubenssätzen zu überschreiben oder ganz einfach allgemein unser Unterbewusstsein auf Erfolg zu programmieren und unser Selbstbewusstsein zu stärken.

Eine Affirmation ist ein positiver, bestärkender Satz, welchen man sich selbst immer und immer wieder vorsagt. Durch die ständige Wiederholung geht der Satz irgendwann ins Unterbewusstsein über und kann sogar negative Glaubenssätze überschreiben. Hat man beispielsweise erkannt, dass man selbst den negativen Glaubenssatz „Ich bin nicht gut genug" hat, kann man eine Affirmation suchen, welche genau das Gegenteil besagt, und durch tägliche, mehrmalige Wiederholung nach und nach den negativen Glaubenssatz mit dem positiven Glaubenssatz überschreibt. Ein Beispiel für eine positive Affirmation anstatt „Ich bin nicht gut genug" wäre „Ich bin wertvoll" oder „Ich bin gut so, wie ich bin."

Es gibt unzählige Affirmationen zu den unterschiedlichsten Themenbereichen. Du kannst entweder Affirmationen verwenden, die du irgendwo gehört oder gelesen hast, oder deine eigenen Affirmationen erfinden. Für den Anfang empfehle ich dir, dich einmal umzuhören, welche Affirmationen es denn so gibt. So bekommst du ein Gefühl dafür, wie sie formuliert sind und in welche Richtung sie gehen können. Die Liste hier in diesem Buch ist als Anfang für deine Recherche gedacht und keinesfalls vollständig. Du kannst ganz einfach einmal im Internet nach „Affirmationen" suchen und wirst zahlreiche, kostenlos erhältliche Listen finden. Wenn du verschiedene Affirmationen durchliest, achte darauf, welche dich ganz besonders ansprechen. Nicht jede Formulierung passt zu jedem Menschen. Am besten suchst du dir die Affirmationen aus, bei denen du direkt ein gutes Gefühl bekommst oder die etwas in dir auslösen. Einige Beispiele für Affirmationen:

- Ich bin geliebt.
- Ich bin wertvoll.
- Ich bin stark.
- Ich bin genug.
- Ich kann alles erreichen, was ich mir vornehme.
- Ich liebe und akzeptiere mich so, wie ich bin.
- Viel Geld ermöglicht mir viel Gutes zu tun.
- Ich ziehe jeden Tag mehr und mehr Geld an.
- Ich verdiene es, in Fülle zu leben.
- Ich verdiene es, einen Job zu haben, der mich erfüllt.
- Ich habe grenzenlose Energie.
- Ich verdiene es, einen Partner zu haben, der mich so liebt, wie ich bin.
- Ich respektiere und liebe meine Familie so, wie sie ist.

- Ich bin von ehrlichen, liebevollen Menschen umgeben.
- Ich achte auf meine Gesundheit.
- Ich fühle mich gesund.
- Ich bin frei.
- Ich liebe das Leben.
- Ich bin sicher und geborgen.
- Ich vertraue dem Leben.
- Ich liebe mich.

Wie gesagt kannst du auch deine eigenen Affirmationen erfinden. Oftmals sind diese sogar noch wirkungsvoller als Affirmationen, die wir von anderen übernommen haben, weil sie wirklich unserem Innersten entsprechen und genau so formuliert sind, wie sie uns am besten ansprechen. Prinzipiell sind deiner Fantasie dabei keine Grenzen gesetzt. Träume groß, greif nach den Sternen und erlaube dir, alles in Affirmationen zu packen, was du dir für dein Leben wünschst! Um auch wirklich einen positiven Effekt zu erzielen, solltet du ein paar Dinge beim Erstellen deiner eigenen Affirmationen beachten:

- Formuliere deine Affirmationen in der Gegenwart.
- Verwende kurze Sätze.
- Formuliere sie in der Ich-Form.
- Achte darauf, positive Formulierungen zu wählen: Konzentriere dich darauf, was du möchtest, und nicht darauf, was du „nicht" möchtest.
- Tob dich aus, aber bleib so realistisch, dass du selbst an deine eigene Affirmation glauben kannst. Wenn dir das schwer fällt, verwende Formulierungen wie „jeden Tag mehr und mehr". Wenn du beispielsweise die Affirmation „Ich bin reich" nicht fühlen kannst, wandle sie um in „Jeden Tag werde ich reicher und reicher."

Hast du nun ein paar Affirmationen gefunden, welche du gerne in dein Unterbewusstsein einprägen möchtest? Dann ist es an der Zeit, mit den Wiederholungen zu starten. Du kannst dir so viele Affirmationen aussuchen wie du möchtest. Ich empfehle dir allerdings, nicht mit zu vielen verschiedenen Affirmationen auf einmal zu starten, sondern erst einmal so zwischen drei und acht Affirmationen auszuwählen. Hast du diese verinnerlicht, kannst du dich an die nächsten Affirmationen machen. Wenn du gleich mit 50 verschiedenen Affirmationen startest, musst du dir jedes Mal viel Zeit für das Ritual nehmen und kannst dir vermutlich auch nicht alle Sätze auswendig merken. So kann es schnell passieren, dass du die Lust an Affirmationen verlierst, bevor du überhaupt richtig damit begonnen hast.

Nun geht es darum, dir die Affirmationen immer und immer wieder vorzusagen – so oft wie möglich! Einmal täglich ist das absolute Minimum. Idealerweise baust du die Übung in deine täglichen Routinen ein, zum Beispiel direkt morgens vor dem Zähneputzen. Gleich nach dem Aufwachen oder direkt vor dem Einschlafen ist unser Unterbewusstsein am leichtesten zugängig, sodass du die Sätze noch schneller verinnerlichst. Du kannst deine Affirmationen auch aufschreiben und an einen Ort hängen, wo du sie mehrmals täglich siehst, beispielsweise an den Badezimmerspiegel oder die Kühlschranktür.

Am besten sprichst du dir die Affirmationen laut vor, sodass du sie gleichzeitig auch selbst hörst. Wenn du diese Übung vor einem Spiegel machst und dir dabei in die Augen siehst, ist sie noch wirkungsvoller. Anfangs fühlst du dich vermutlich sehr komisch dabei, dir Dinge wie „Ich liebe mich“ oder „Ich bin genug“ laut vorzusagen. Das liegt ganz einfach daran, dass du das nicht gewohnt bist. Je öfter du die Übung machst, umso weniger seltsam wirst du dich dabei fühlen – und irgendwann wird sie so zur Gewohnheit, dass dir direkt etwas fehlen wird, wenn du sie einmal einen Tag lang nicht machst.

Du kannst deine eigenen Affirmationen auch einfach mit dem Handy aufnehmen und dir täglich vorspielen. So kannst du sie zum Beispiel morgens auf dem Weg in die Arbeit oder während der Mittagspause anhören. Es gibt auch verschiedene Apps, welche diverse Affirmationen eingesprochen zur Auswahl haben. Ein Beispiel dafür ist HypnoBox, welche dir erlaubt richtige Selbsthypnose-Sessions mit verschiedenen Intros und Musik zusammenzustellen. Durch In-App-Käufe kannst du dir eine große Auswahl an bereits eingesprochenen Affirmationen besorgen oder einfach deine eigenen Affirmationen aufnehmen und in die Session einbauen.

Sonstige Methoden

Neben den von mir bereits erwähnten und erprobten Methoden, gibt es auch noch weitere Möglichkeiten, um dein Unterbewusstsein neu zu programmieren. Da ich von diesen jedoch nur gehört und bisher noch keine eigenen Erfahrungen damit gemacht habe, möchte ich sie an dieser Stelle nur kurz, der Vollständigkeit halber, erwähnen. Wenn du dich dafür interessierst, rate ich dir, dich noch weiter darin einzulesen und dir am besten einen Experten auf diesem Gebiet zu suchen, der mit dir gemeinsam diese Methoden anwendet und dir damit bei der Programmierung deines Unterbewusstseins behilflich ist.

ThetaHealing ist beispielsweise eine erst vor kurzem bekannt gewordene Methode. Diese Technik wurde im Jahre 1995 von Vianna Stibal entwickelt und ist eine Meditationstechnik für Körper, Geist und Seele, welche es ermöglicht, einschränkende Glaubenssätze aufzulösen. Dafür wird das Gehirn in den Theta-Zustand versetzt, welchen ich im Kapitel über Meditation bereits ausführlich beschrieben habe. Wer sich im Detail für ThetaHealing als Methode zur Neuprogrammierung des Unterbewusstseins interessiert, kann diese Technik entweder in wenigen Tagen in einem Seminar erlernen und an sich selbst anwenden oder einfach eine

ThetaHealing Sitzung bei einem ausgebildeten ThetaHealing Therapeuten buchen.[10]

Eine weitere Technik ist Neuro-Linguistisches Programmieren, kurz NLP genannt. Dabei werden die Vorgänge in unserem Gehirn (Neuro) mit der Hilfe von Sprache (linguistisch) programmiert. Das Konzept wurde in der 70er Jahren in den USA durch das Entdecken und Verknüpfen verschiedener bereits bekannter Erfolgsstrategien entwickelt. Wer die NLP-Methode verstanden und erlernt hat, kann sowohl das Verhalten anderer als auch sein eigenes bewusst beeinflussen, zum Beispiel durch den gezielten Einsatz von Sprache. Tatsächlich wird NLP oftmals als Kommunikationsstrategie mit sich und anderen beschrieben, wobei es viel mehr ist als das: Es ist ein ganzer Werkzeugkasten mit wirksamen Methoden, um Probleme zu lösen, Ziele zu erreichen und beispielsweise Ängste loszuwerden. NLP basiert auf den Annahmen, dass Menschen sich verändern können und bereits alle Ressourcen, die sie dafür benötigen, in sich haben.[11]

Außerdem gibt es noch die Hypnose – eine der bekanntesten Methoden zur Beeinflussung unseres Unterbewusstseins. Dabei wird man durch einen Hypnotiseur in eine Trance – einen Zustand vollkommener Entspannung – versetzt. Während dieser Trance ist unser Unterbewusstsein besonders zugänglich, weshalb neue Glaubenssätze oder Verhaltensweisen, die uns der Hypnotiseur mitgibt, während wir in Trance sind, direkt im Unterbewusstsein abgespeichert werden. Viele, die Hypnose ausprobiert haben, berichten davon, dass sie nach nur einer einzelnen Sitzung bereits Verhaltensweisen nachhaltig verändert haben – es scheint sich also um eine sehr effiziente Methode zur Programmierung unseres Unterbewusstseins zu handeln. Mit etwas Übung kann man sich auch selbst in den Zustand der Trance versetzen und sich zum Beispiel mit Hilfe von aufgenommenen Suggestionen

[10] https://thetahealing.de/

[11] https://nlp-zentrum-berlin.de/infothek/was-ist-nlp

selbst hypnotisieren. Trotzdem empfehle ich dir, wenn du diese Methode ausprobieren möchtest, lieber einen erfahrenen Hypnotiseur aufzusuchen.[12]

[12] https://next-me.org/unterbewusstsein-programmieren/

PERSÖNLICHE WEITERBILDUNG

„Wer immer tut, was er schon kann, bleibt immer das, was er schon ist“ – Henry Ford

Eine weitere Sache, die dich in deinem Leben voranbringt – nicht nur bei der Realisierung deiner Träume – ist deine persönliche Weiterbildung. Dieser Punkt ist für mich bereits so selbstverständlich, dass ich ihn erst gar nicht auf die Liste aufnehmen wollte. Doch wenn ich jetzt daran zurückdenke, was mich damals dazu gebracht hat, mein Leben auf den Kopf zu stellen, dann war es genau das: Podcasts, Bücher und Seminare. Sie haben mir gezeigt, dass ich mich nicht damit abfinden muss, ein Leben zu führen, das „ganz okay“ ist, sondern dass es so viele Möglichkeiten gibt, es zu einem „wow“-Leben zu machen. Podcasts haben mir bewiesen, dass nichts unmöglich ist und dass ich nur den Mut brauche, groß zu träumen. Bücher wie dieses hier haben mir Methoden und Wege gezeigt, wie ich mein Leben verändern kann. Und Seminare haben mir die nötige Energie und das Selbstvertrauen gegeben, all das auch wirklich in die Tat umzusetzen. Wenn ich damals nicht über den Podcast von Laura Malina Seiler und damit mittenrein in die Persönlichkeitsentwicklung und Spiritualität gestolpert wäre, würde ich heute wohl noch immer im Büro meines ehemaligen Arbeitgebers in Österreich sitzen. Tatsächlich war es nur ein einziger Podcast, der bei mir damals den Stein ins Rollen gebracht hat. Über ihn bin ich erst auf das Buch „Gespräche mit Gott“ von Neale Donald Walsch aufmerksam geworden, welches meine Denkweise grundlegend verändert hat, und später auch auf viele andere Podcasts und Bücher, die mich wiederum auf Themen wie digitales Nomadentum gebracht haben. Alles andere folgte dann nach und nach: Der Mut zu kündigen und mich selbstständig zu machen, die Klarheit über meine Lebensziele, das richtige Mindset… Doch hätte ich damals nicht aus Langeweile begonnen, Podcasts zu hören, um mich auch nach meinem erfolgreich abgeschlossenen Studium noch weiterzubilden, wäre mir diese andere Welt, in der man große Träume haben und sie auch erreichen kann, wohl bis heute verborgen geblieben. Daher habe ich beschlossen, den Punkt der persönlichen Weiterbildung mit in dieses Buch aufzunehmen. Wie der Name schon sagt geht es mir vor allem darum, dass du deine Persönlichkeit weiterentwickelst: Deine Art zu denken, die Herangehensweise an Herausforderungen und die Fähigkeit, aktiv dein Leben zu gestalten. Daher seien an dieser Stelle berufliche Weiterbildungen vernachlässigt, wobei natürlich auch diese immer eine lohnenswerte Investition sind.

Bücher

Hast du dich schon einmal in einer Buchhandlung in die Ecke mit den Selbsthilfebüchern begeben? Nein? Dann aber los! Längst schon vorbei sind die Zeiten, in denen man verschämt mit gesenktem Kopf durch den ganzen Laden gehen musste, um irgendwo im letzten Eck ein kleines Regal an Lebensratgebern zu finden. Inzwischen sind Selbsthilfebücher nicht nur viel zahlreicher, sondern auch richtig „in“ geworden – die meisten Buchhandlungen platzieren sie präsent irgendwo auf einem hübschen Tischchen, wo sich die Kunden mit Begeisterung durch Bücher á la „Achtsamkeit im Alltag“, „So heilst du dich selbst“ oder „Berufung finden leichtgemacht“ wühlen.

Ich bin ein absoluter Fan von Büchern zur Persönlichkeitsentwicklung, da sie eine wunderbare

Möglichkeit sind, Neues zu lernen. Fast jedes Buch regt mich auf irgendeine Art und Weise zum Nachdenken an. Lesen ist für mich, genau wie Tagebuch schreiben oder Meditation, ein fixer Bestandteil meines Tages. Es gibt inzwischen so viele gute Autoren und Bücher, dass mir die Entscheidung, welches Buch ich als nächstes lesen werde, meist schwerfällt. Ich habe eine Leseliste in meiner Notizapp am Handy, welche wie durch Zauberhand nie kürzer wird, egal wie viele der Bücher darauf ich auch lesen mag.

Dadurch, dass du gerade ein Buch zum Thema Persönlichkeitsentwicklung in deinen Händen hältst, gehe ich einfach einmal davon aus, dass du ebenfalls gerne liest – oder zumindest keine komplette Abneigung dagegen hast. Wenn du gerne noch mehr Bücher in diese Richtung lesen möchtest, aber nicht genau weißt, mit welchen du anfangen sollst, findest du in den bisherigen Kapiteln dieses Buches bereits viele Erwähnungen von Büchern, die mein Leben besonders geprägt haben. Im Anhang teile ich außerdem meine aktuelle Top-Ten-Leseliste mit dir, welche du auch auf meinem Blog finden kannst. Solltest du noch immer nicht genug haben, kannst du dich auf meinem Blog gerne für meinen Newsletter eintragen, den ich monatlich rumschicke und in dem ich auch immer eine „Mindfood-Empfehlung des Monats“ gebe.

Kleine Notiz am Rande: Die meisten Bücher gibt es übrigens auch als Hörbücher, falls du sie dir lieber vorlesen lassen möchtest, anstatt selbst zu lesen. Womit wir auch schon beim nächsten Punkt angelangt wären: Dem Input zur persönlichen Weiterentwicklung über Audio, genauer: über Podcasts.

Podcasts

Wie bereits am Anfang dieses Kapitels erwähnt waren Podcasts meine Einstiegsdroge in das Thema Persönlichkeitsentwicklung. Ein Podcast ist vergleichbar mit einer Radiosendung im Internet – bloß, dass ein Podcast keine festen Sendezeiten hat, sondern verschiedene Episoden, die man jederzeit herunterladen und anhören kann. Das kann man zum Beispiel am Smartphone mit einer speziellen Podcast-App, welche bei Apple-Geräten praktischerweise sogar schon vorinstalliert ist, oder zum Beispiel auf Spotify. Wie oft eine Episode veröffentlicht wird, ist von Podcast zu Podcast unterschiedlich, ebenso wie lange sie dauert: Zwischen ein paar Minuten und ein paar Stunden ist alles möglich. Das Praktische am reinen Audioformat von Podcasts ist, dass man sie ganz einfach nebenbei hören kann: Beim Auto- oder Bahnfahren, beim Putzen, Kochen oder zur Entspannung im Park.

Es gibt inzwischen ganz viele verschiedene Podcasts zu den unterschiedlichsten Themen, sodass wirklich jeder seinen Lieblingspodcast findet. Natürlich sind bei der Menge an Podcasts, die täglich veröffentlicht werden, auch ganz viele zum Thema Persönlichkeitsentwicklung und Spiritualität dabei. Viele Podcasts sind im Interviewformat aufgenommen, sodass man als Hörer das Gefühl hat, mit den Personen aus dem Podcast an einem Tisch zu sitzen und über dies und das zu quatschen. Diese Podcasts machen mir persönlich am meisten Spaß.

Wenn du neue Podcasts entdecken möchtest, kannst du entweder direkt in deiner Podcast-App oder Spotify nach für dich interessanten Begriffen suchen, die aktuellen Apple-Podcast-Charts durchgehen oder einfach einmal meine Lieblingspodcasts auschecken, welche ich auf meinem Blog mit dir teile. Gerne kannst du auch einmal in meinen eigenen Podcast, den „Roadtrip Leben“ Podcast, reinhören. Genau wie mit diesem Buch versuche ich meinen Hörern mit dem Podcast Mut zu machen, ihre Träume zu verwirklichen. Darin teile ich nicht nur meine eigenen Gedanken, sondern interviewe auch regelmäßig inspirierende Menschen, die ihren Traum bereits leben und dich mit ihrer Geschichte vielleicht dazu inspirieren können, groß zu träumen. Ich persönlich fand es damals, als ich gerade in der Umbruchphase war, sehr hilfreich zu hören, womit andere Menschen so ihr Geld verdienen und auf welche Hindernisse sie auf dem Weg dorthin gestoßen sind. Die Podcastinterviews, die ich damals gehört habe, waren wie ein Tor zu einer anderen Welt: Davor kannte ich nichts anderes, als den klassischen 9-5-Job und vielleicht noch die typische Selbstständigkeit. Erst dadurch, dass ich in den Interviews von Leuten gehört habe, welche online Geld verdienen, bin ich überhaupt auf die Idee gekommen, dass es auch noch etwas anderes gibt da draußen als das, was mir mein Umfeld vorlebt.

Seminare und Events

Hast du schon einmal morgens kurz nach dem Aufstehen zu lauter Musik getanzt, fremde Leute umarmt oder ihnen ein High-Five gegeben und jemanden nur dadurch, dass du ihm ein paar Minuten in die Augen schaust, zum Weinen gebracht? Klingt verrückt, oder? Doch genau das ist es, was du machen wirst, wenn du auf ein Persönlichkeitsentwicklungsseminar gehst. Genauso wie Podcasts scheinen auch Seminare und Events zum Thema Persönlichkeitsentwicklung in den letzten Jahren nur so aus dem Boden zu schießen. Bekannte und sehr beliebte Seminare, zu denen jedes Jahr tausende von Menschen kommen, sind zum Beispiel „Die Kunst dein Ding zu machen“ von Christian Bischoff, die „Masterclass of Personality“ von Tobias Beck oder das englischsprachige „Unleash the Power Within“ von Tony Robbins. Diese Seminare darf man sich jedoch keinesfalls wie die Seminare zur klassischen Fortbildung vorstellen, in denen ein Vortragender seine Folien runterpredigt und die Teilnehmer brav dasitzen und mitschreiben – im Gegenteil! Bei Persönlichkeitsentwicklungsseminaren wird von den Teilnehmern verlangt, aktiv mitzumachen. Zwar gibt es zwischendurch tatsächlich auch klassischen Wissenstransfer, im Vordergrund stehen aber verschiedene Übungen, die alleine oder in der Gruppe durchgeführt werden. So wird das Gehörte direkt umgesetzt und verhindert, dass die Teilnehmer auf ihrem Stuhl einschlafen. Der Fokus liegt bei dieser Art von Seminaren nicht darauf, neues Wissen zu erlangen, sondern die eine oder andere Erkenntnis zu haben sowie eine gehörige

Portion Energie und Motivation mitzunehmen, um die Verantwortung für dein Leben zu übernehmen und etwas zu verändern.

Das Besondere bei Seminaren zum Thema Persönlichkeitsentwicklung ist vor allem die Gruppenenergie, die entsteht, sowie all die Emotionen, die in kurzer Zeit hochkommen. Es wird gemeinsam gefeiert, gehüpft, geschrien, gelacht, geweint… Das ständige Aufspringen und Tanzen zwischendurch, um das Energielevel wieder hochzubringen, kann nach ein bis vier Tagen – je nachdem, wie lange das Seminar dauert – ganz schön anstrengend werden, doch weil jeder rundherum mitmacht wird man von der Gruppenenergie durchgetragen, egal, wie müde man sich irgendwann fühlt. Vor allem wenn man das allererste Mal auf ein Seminar geht und noch nicht weiß, was einen erwartet, wird man ein sehr intensives Erlebnis haben und zwar unglaublich müde, aber mit einem wahnsinnig guten Gefühl und hochmotiviert, sofort sein komplettes Leben auf den Kopf zu stellen, nach Hause fahren. Aber Achtung – diese Art von Seminaren und die hohe Energie dort macht schnell süchtig! Ich kenne Menschen, die von einem Event zum nächsten fahren, aber anschließend das, was sie dort gelernt haben, nie wirklich in ihr Leben integrieren. Das ist meiner Meinung nach der falsche Ansatz. Ich persönlich fahre regelmäßig auf Seminare, um mir wieder eine Portion Motivation abzuholen. Im Anschluss nutze ich dieses Momentum und die Energie, die ich von dem Event mitnehme, um in die Umsetzung zu kommen und etwas in meinem Leben zu verändern, damit ich meinen Träumen näherkomme. Und noch einen netten Nebeneffekt haben die Seminare, auf die ich gehe: Ich lerne dort regelmäßig Leute kennen, die sich auf dem gleichen Weg wie ich befinden und die mich bei der Realisierung meiner Träume unterstützen können. Wie wichtig es ist, solche Menschen in seinem Leben zu haben, sehen wir uns im folgenden Kapitel an.

DEIN UMFELD

„Du bist der Durchschnitt aus den fünf Menschen, mit denen du am meisten Zeit verbringst" - Unbekannt

Vielleicht hast du diese Aussage schon einmal gehört. Es würde mich nicht überraschen, da dieser Spruch in der Persönlichkeitsentwicklung sehr beliebt ist und von vielen zitiert wird. Auch wenn man über die Zahl fünf darin vermutlich diskutieren könnte, versteckt sich hinter diesem Spruch eine sehr kluge Aussage. Übersetzt bedeutet es nichts anderes, als dass du sorgfältig auswählen sollst, mit wem du dich umgibst.

Wir alle werden von unserem Umfeld maßgeblich beeinflusst. Die Menschen, mit denen wir uns umgeben, können unsere persönliche Entwicklung enorm beschleunigen. Genauso können sie uns aber auch zurückhalten, uns Energie kosten und uns aufhalten auf unserem Weg zum Ziel. Daher ist es wichtig, dass du dir die Menschen, mit denen du täglich Zeit verbringst, genau ansiehst. Sei ehrlich zu dir selbst – wie sind die Leute, die du am häufigsten triffst, zum Beispiel deine Freunde oder dein Partner? Sind es Menschen, die dem Leben positiv gegenübertreten und immer das Gute sehen? Wie reagieren sie darauf, wenn du ihnen von deinen Träumen erzählst? Haben sie die gleichen Visionen und Sichtweisen wie du? Denken sie groß und unterstützen sie dich in dem, was du machen möchtest? Ermutigen sie dich, täglich dein Bestes zu geben, um deine Ziele zu erreichen? Oder sind es Menschen, deren Glas immer halbleer statt halbvoll ist, die davon überzeugt sind, dass das Leben schwer ist und die ihren Abend am liebsten zu Hause vor dem Fernseher verbringen und sich von seichter Unterhaltung berieseln lassen?

Häufig passiert folgendes, wenn wir beginnen uns unsere Träume einzugestehen, uns Lebensziele setzen und nach Erfolg in allen Lebensbereichen streben: Wir fangen an uns zu verändern, während unser Umfeld gleichbleibt. Vielleicht kennst du diese Situation: Du hast ein Buch gelesen, das dich begeistert und ermutigt deine Träume zu verfolgen. Oder du kommst voller Energie und Motivation von einem Seminar oder einem Vortrag zurück, überzeugt davon, ab sofort total fokussiert an deinem Ziel zu arbeiten und am Samstagabend, statt wie bisher feiern zu gehen, nun an deinem Projekt zu arbeiten. Voller Stolz erzählst du deinen Freunden davon – in dem Glauben, dass sie begeistert sein werden. Doch natürlich passiert genau das Gegenteil: Du erntest Reaktionen, wie: „Was ist denn mit dir passiert? Hast du dich einer Gehirnwäsche unterzogen? Jetzt komm mal wieder runter und trink ein Bier, dann wird das schon wieder."

Wenn dein altes Umfeld merkt, dass es dir wirklich ernst ist damit dein Leben zu ändern, wird es früher oder später versuchen, dich wieder runterzuziehen. Anstatt dich darin zu unterstützen, werden deine alten Freunde deine neue Denkweise runtermachen und alles dafür tun, um dich von deinem neuen Weg abzubringen. Das ist eine vollkommen logische Reaktion auf deine Veränderung, welcher eine ganz einfach nachvollziehbare psychologische Begebenheit zugrunde liegt: Jeder Mensch sucht in seinem Umfeld die Bestätigung für das, was er macht. Wenn andere unsere Handlungen gut finden und nachahmen, fühlen wir uns automatisch gut und darin bestärkt. Wenn sich aber plötzlich jemand anders verhält und uns zeigt, dass unser Verhalten (feiern und Alkohol trinken) nicht gut ist, rutscht unser Ego automatisch in den Verteidigungsmodus und wir versuchen, den anderen von unserem Handeln zu überzeugen.

Ein weiterer Grund, warum deine Freunde deine neue Verhaltensweise nicht gut finden: Auch wenn sie das bewusst nicht so ausdrücken können – unbewusst haben deine Freunde Angst, dass du dich von ihnen entfernst und sie irgendwann keinen Platz mehr in deinem Leben haben. Du kannst dir das in etwa so vorstellen, als ob ihr beide auf einer Treppe steht und du dich langsam, Stufe für Stufe, nach oben bewegst. Menschen suchen sich immer Gleichgesinnte für ihr Umfeld, welche dieselben Interessen und Ansichten haben – bildlich gesprochen also auf derselben Stufe stehen –, um sich gegenseitig zu bestärken. Daher werden deine Freunde versuchen, dich wieder auf ihre Stufe zurückzuziehen – ohne es in irgendeiner Weise böse zu meinen. Deine Herausforderung ist es, dich von deinem Umfeld nicht zurückhalten zu lassen, sondern trotzdem deinen Weg zu gehen. Und aus eigener Erfahrung kann ich dir sagen: Das wird vermutlich schwieriger sein, als es sich erstmal anhört. Um das zu verstehen lade ich dich zu einem kurzen Experiment ein. Stell dich auf die erste Stufe einer Treppe und bitte einen Freund oder ein Familienmitglied, sich an den Anfang der Treppe zu stellen. Nun versucht ihr beide, den anderen auf eure jeweilige Stufe zu ziehen – du nach oben, dein Gegenspieler nach unten. Was wird passieren? Mit sehr hoher Wahrscheinlichkeit wird derjenige, der am Fuße der Treppe steht, gewinnen. Denn es ist relativ leicht, jemanden, der über uns steht, von seiner Stufe herunterzuziehen – umgekehrt aber sehr schwierig, jemanden von unten hochzuziehen. Daran solltest du das nächste Mal denken, wenn negative Menschen in deinem Umfeld versuchen, dich auf ihre Stufe zu ziehen.

Wie du verhinderst, dass du von deinem Umfeld ständig wieder in alte Gewohnheiten zurückgezogen wirst, erfährst du gegen Ende dieses Kapitels. Davor aber werden wir uns damit beschäftigen, wie du dein Umfeld klug auswählst und dich mit Menschen umgibst, die dich groß machen statt runterziehen.

Dein Umfeld klug auswählen

Ich kann mich noch sehr gut an das Leichtathletiktraining in der Schule erinnern. Jedes Jahr im Sommer mussten wir im Sportunterricht Sprinten, Schlagballwerfen und Weitspringen trainieren – unsere Lehrerin trug unseren jeweils besten Wert am Ende der Schulstunde dann in eine Liste ein. Da ich beim Sprint nicht wirklich ein Naturtalent war und jedes Mal furchtbar lange brauchte, gab sie mir einen Tipp: Ich solle das nächste Mal zeitgleich mit einer Läuferin starten, die schneller ist als ich. Denn Läufer, die besser sind, ziehen dich mit, sodass du ebenfalls schneller wirst. Und tatsächlich: Es funktionierte!

Diese Weisheit meiner Sportlehrerin gilt nicht nur fürs Sprinten, sondern für alle Bereiche des Lebens: Wenn du große Ziele hast und diese möglichst schnell erreichen willst, ist es hilfreich, wenn du dich bewusst mit Menschen umgibst, die bereits einen Schritt weiter sind als du.

Wo aber findest du solche Menschen, wenn du sie nicht in deinem jetzigen Umfeld hast? Am besten dort, wo auch du dich rumtreibst – oder rumtreiben solltest:

- Auf Persönlichkeitsentwicklungsseminaren
- Auf Events und Festivals zum Thema Spiritualität, persönliche Entwicklung, holistischer Lifestyle, …
- Auf organisierten Meetups
- Bei Mastermind-Treffen
- In Coworking-Spaces
- Bei Weiterbildungskursen
- Während Workations (Urlaub und Arbeiten gleichzeitig)
- Bei Retreats
- In ganzheitlichen Meditations- oder Sportkursen (z.B. Yoga)
- Im Internet in Facebookgruppen und Onlinecommunities

Vielleicht hast du im Zusammenhang mit der Wichtigkeit deines Umfeldes auch schon einmal von Mentoren, Coaches und Mastermind-Gruppen gehört? Im nächsten Abschnitt gehe ich genauer darauf ein und verrate dir, wieso diese auch für dich relevant sein könnten.

Coaches und Mentoren

Bis vor ein paar Jahren kannte man Coaches nur aus dem Spitzensport: Ein Coach war jemand, der die Fußballmannschaft erfolgreich auf ihrem Weg an die Spitze der Champions League begleitete. Er kannte die Stärken und Schwächen der einzelnen Spieler und arbeitete verschiedene Strategien mit ihnen aus, um beim Spiel das Beste aus ihnen und der gesamten Mannschaft herauszuholen.

Heute hört man von Coaching längst nicht mehr nur im Spitzensport. In den letzten Jahren ist die Anzahl der sogenannten „Life-Coaches“ – derjenigen, die sich auf Coaching in der Lebensberatung und Persönlichkeitsentwicklung spezialisiert haben – nahezu explodiert. Gefühlt jeder zweite, der sich mit persönlicher Weiterentwicklung beschäftigt, will irgendwann auch einmal anderen Menschen helfen und sie auf ihrem Weg coachen. Ebenfalls hört man immer öfters den Begriff Mentor. Doch was machen eigentlich Coaches und Mentoren – und könnte ihre Dienstleistung auch für dich relevant sein? Oder handelt es sich dabei eher um ein lukratives (Online)Geschäftsmodell für die „hilfsbereite“ Seite?

Zuallererst müssen wir verstehen, was das Ziel von Coaches und Mentoren ist. Beide werden zu Rate gezogen, um bestimmte Aufgaben und Herausforderungen in gewissen Lebensbereichen zu lösen und um sich bei seiner persönlichen Zielsetzung Hilfe und Beratung von außen zu holen. Obwohl von Coaches und Mentoren oftmals die Rede im Unternehmenskontext ist, muss es sich dabei nicht unbedingt um den Lebensbereich Beruf handeln. Genauso gut kann ein Coach oder Mentor Hilfestellung geben in den Bereich

Beziehungen, Gesundheit oder Finanzierung. Oftmals werden beide Begriffe synonym verwendet. Tatsächlich aber unterscheidet sich ein Coach in einigen Punkten wesentlich von einem Mentor.

Ein Coach hat einen „Maßnahmenkatalog“ an unterschiedlichen Strategien parat, mit denen er dich dabei unterstützen kann, dein aktuelles Problem zu lösen. Dabei handelt es sich oft um psychologische Strategien, die entweder auf eine bestimmte Coachingrichtung und -ausbildung zurückzuführen sind, oder aber es werden vom Coach selbst entwickelte Konzepte und Strategien angewendet. Die meisten Coaches haben eine Ausbildung vorzuweisen, wobei dies keine Voraussetzung ist, um sich Coach nennen zu können. Allerdings liefert dir ein Coach selten konkrete Lösungsvorschläge für dein Problem, sondern bringt dich mit geschickten Fragestellungen dazu, deine Situation aus einem bestimmten Blickwinkel zu sehen und lässt dich dadurch selbst auf eine Lösung kommen. Weitere Merkmale: Ein Coach steht immer auf Augenhöhe mit dir und wird meist kurzfristig für bestimmte Aufgaben und Herausforderungen zu Rate gezogen. Wenn du dich zum Beispiel selbstständig machen möchtest, könntest du dir für ein paar Stunden einen Businesscoach nehmen, der dich bei den ersten Schritten unterstützt.

Mit einem Mentor wiederum besteht meist eine längere Beziehung. Ein Mentor kann dich viele Jahre, wenn nicht sogar sein ganzes Leben lang begleiten. Es handelt sich dabei um jemanden, der viel Erfahrung in einem Bereich vorzuweisen kann und diese an dich weitergibt. Im Gegensatz zum Coach hat er selten eine spezielle Ausbildung oder verschiedene Strategien vorzuweisen, welche er einsetzt – seine Qualifikation und Hilfe ist seine langjährige Lebenserfahrung. Dein Mentor ist jemand, zu dem du aufsiehst, weil er etwas geleistet hat, was du auch möchtest und wofür du ihn bewunderst.[13]

Für mich persönlich gibt es noch einen weiteren Unterschied zwischen einem Coach und einem Mentor: Ein Coach ist jemand, der sich beruflich darauf ausgerichtet hat, andere Menschen zu unterstützen. Ein Mentor jedoch hat seinen beruflichen Schwerpunkt woanders. Zwar kannst du auch deinen Mentor dafür bezahlen, dass er seine Erfahrung und sein Wissen an dich weitergibt, aber meistens wird dies für ihn nur eine Nebentätigkeit sein, da er seine Profession und Expertise ganz klar nicht in der Beratung hat, sondern in der Umsetzung der Strategien, die er mit dir teilt. Auch wenn es natürlich hilft, wenn du dir einen Coach suchst, der selbst bereits Lebenserfahrung in dem Bereich gesammelt hat, in dem er andere Menschen coacht: Ein Coach muss nicht unbedingt der weltbeste Unternehmer sein, um dich auf deinem Weg dorthin zu begleiten. Seine Aufgabe ist es, zu erkennen, wieso du bisher noch nicht dort bist, wo du hinmöchtest, und dich langsam an den Punkt zu führen, an dem du selbst erkennst, woran dies liegt und es daraufhin ändern kannst. Dazu hat er im Idealfall verschiedene Strategien erlernt und in der Praxis bereits erfolgreich angewendet. Ein Mentor wiederum sollte bereits dort sein, wo du hinmöchtest, und kann daher seine Erfahrung mit dir teilen und dir sagen, was für ihn funktioniert hat. Dieser Weg kann dann zwar auch der Richtige für dich sein – muss es aber nicht.

Ein weiterer Vorteil von Coaching ist: Dadurch, dass Coaching meist nicht nach einer Einzelsitzung beendet ist, sondern über einen gewissen Zeitraum durchgeführt wird, hast du jemanden, der deinen Fortschritt dokumentiert. Meist werden gemeinsam Ziele definiert und beim nächsten Coachingtermin überprüft, ob diese erreicht wurden. So haben

---

[13] https://www.coaching-report.de/definition-coaching/modelltheoretischer-hintergrund/coaching-vs-mentoring.html

Coachings auch die nette Nebenwirkung, dass sie sehr motivierend und leistungssteigernd wirken.

Ich habe bereits erwähnt, dass die Zahl derjenigen, die sich Coach oder Mentor nennen, rasant steigt. Wie findest du in diesem Dickicht nun den besten Coach oder Mentor für dich? Ein guter Tipp ist wie immer, bei der Auswahl auf dein Bauchgefühl zu vertrauen. Du musst zwar nicht persönlich mit deinem Coach oder Mentor auf einer Wellenlänge sein, aber du sollst ein gutes Gefühl bei ihm haben. Schließlich wirst du eine enge Beziehung mit ihm eingehen und einige sehr persönliche Dinge mit ihm teilen – da sollte die Vertrauensbasis schon stimmen. Ein Mentor ist idealerweise jemand, den du persönlich bewunderst und dessen Werke du bereits verfolgst. Hier sollte die Devise gelten: Orientiere dich nur an jemandem, der bereits dort ist, wo du hinmöchtest. Oder würdest du auf die Finanztipps eines Bankers hören, der selbst komplett pleite und haushoch verschuldet ist?

Wenn du einen Coach suchst, gilt: Achte, neben deinem persönlichen Gefühl, bei der Auswahl deines zukünftigen Coaches vor allem darauf, welche Art von Ausbildungen und Erfolge beziehungsweise Referenzen er vorzuweisen hat. Ein guter Ausgangspunkt ist, dich in deinem Bekanntenkreis oder in einschlägigen Foren und Facebookgruppen nach guten Coaches umzuhören. Nimm das kostenlose Kennenlerngespräch, das die meisten Coaches anbieten, ruhig von mehreren an und wähle dann denjenigen aus, bei welchem du dich am besten aufgehoben fühlst.

Zum Schluss möchte ich noch eine persönliche Anmerkung machen: Zwar wird meist davon ausgegangen, dass man sowohl zu einem Coach, als auch zu einem Mentor persönlichen Kontakt hat und sich in einem Austausch mit ihnen befindet. Ich glaube allerdings, dass es auch möglich ist, einen Mentor zu haben, mit dem man sich nicht im eins-zu-eins-Gespräch austauscht. Da beim Mentoring ja die Regel gilt, dass der Mentor zu den erfolgreichsten und erfahrensten Menschen in dem bestimmten Bereich gelten soll, handelt es sich dabei nicht selten um sehr berühmte Persönlichkeiten. An solche Menschen persönlich ranzukommen (und sie für ihre Beratung zu bezahlen) ist oftmals unmöglich. Daher finde ich, dass wir auch jemanden zu unseren Mentoren zählen können, zu dem wir keinen persönlichen Kontakt haben. In dem Fall könnte man einen Mentor auch einfach als Vorbild bezeichnen: Indem wir seine Geschichte anhand von Biografien, Interviews, Dokumentationen und Artikeln verfolgen, können wir versuchen aus seiner Erfahrung zu lernen und sein Verhalten zu imitieren.

Mastermind-Gruppe

Eine weitere Möglichkeit, Menschen in dein Umfeld zu holen, die dich zum Träumen ermutigen und dir auf dem Weg zur Erreichung deiner Ziele behilflich sind, ist, dir eine Mastermind-Gruppe zu suchen. Was dank englischem Begriff schwer beeindruckend klingt, ist in Wahrheit nichts anderes als eine Gruppe von Gleichgesinnten, die sich regelmäßig über ihre Ziele und aktuellen Herausforderungen austauscht.

Die Mitglieder einer Mastermind-Gruppe helfen sich gegenseitig dabei, ihre Ziele zu erreichen, indem sie gemeinsam brainstormen, sich herausfordern und unterstützen. Dabei müssen sie aber keinesfalls aus der gleichen Branche oder dem gleichen Arbeitsbereich kommen. Im Gegenteil: Es ist sogar sehr hilfreich, wenn die Mitglieder unterschiedliche Stärken und Fähigkeiten haben. Ein gemeinsamer Nenner sollte aber natürlich trotzdem gegeben sein – beispielsweise ähnliche Ziele und Träume. Außerdem wird eine Mastermind-Gruppe auf Dauer nur funktionieren, wenn die Mitglieder alle ungefähr auf der gleichen Stufe ihrer Entwicklung stehen und dazu bereit sind, sich gegenseitig zu unterstützen. Denn eine Mastermind basiert auf dem Prinzip des Gebens und des Nehmens: Alle Mitglieder sollen gleichermaßen von der Hilfe der anderen profitieren und diese Unterstützung wiederum zurückgeben.

Bereits Napoleon Hill hat in seinem Klassiker „Denke nach und werde reich", empfohlen, sich eine Mastermind zu suchen, wenn man „wirklich erfolgreich“ werden möchte.[14] Jeder, der schon einmal in einem funktionierenden Team gearbeitet hat, weiß: Gemeinsam ist alles leichter. Eine Mastermind-Gruppe kann als Katalysator wirken und die Erreichung deiner Ziele erheblich beschleunigen. Jeder, der große Ziele im Leben hat kennt wohl diese Tage, an denen einen plötzlich die Selbstzweifel überkommen. Mache ich wirklich das Richtige? Kann ich all das, was ich mir vorgenommen habe, überhaupt schaffen? An solchen Tagen kann eine Mastermind-Gruppe dich unterstützen, indem sie dich wieder ermutigt und dich davon abhält, aufzugeben und den Kopf in den Sand zu stecken. Manchmal ist es auch einfach hilfreich, sich eine zweite Meinung einzuholen. In unserem Privatleben machen wir das ständig: Wenn wir Probleme mit unserem Partner haben, holen wir uns Rat in unserem Umfeld und sprechen mit unserer besten Freundin darüber. Doch die beste Freundin muss nicht zugleich auch der beste Businessratgeber sein. Genau hier kommt die Mastermind-Gruppe ins Spiel: In einer solchen Gruppe umgeben wir uns mit Menschen, die das Gleiche machen wie wir und dadurch auch früher oder später vor ähnlichen Herausforderungen stehen. So jemanden in seinem Umfeld zu haben und ihn nach seiner Meinung zu fragen ist extrem hilfreich für Entscheidungen. Und wenn es sich dabei gleich um eine ganze Gruppe handelt – umso besser! Als ich mich selbstständig gemacht habe, habe ich zum Beispiel schnell festgestellt, dass meine Freunde und Familie – alles glückliche Angestellte – mir bei meinen Fragen und Problemen bezüglich Unternehmertum nicht wirklich helfen konnten. Sie hörten sich zwar brav an, was mich so beschäftigte, aber ich konnte erstens spüren, dass sie nicht viel damit anfangen konnten, und zweitens konnten sie mir, verständlicherweise, auch keinen wirklichen Rat geben. Daher war ich froh, dass ich bald eine Mastermind-Gruppe gefunden habe, in der alle selbstständig waren und sich meine Probleme nicht nur

---

[14] Napoleon Hill: Denke nach und werde reich

anhörten, sondern sogar noch hilfreiche Tipps und Anregungen hatten.

Eine Mastermind-Gruppe kann aus unterschiedlich vielen Personen bestehen. In der Praxis hat sich bei mir eine Anzahl zwischen drei und acht Personen bewährt. Da ein Vorteil von Mastermind-Gruppen vor allem ihre vielfältigen Mitglieder und Meinungen sind, finde ich zwei Personen zu wenig. Ab neun Personen habe ich aber festgestellt, dass es erstens schwierig wird, Termine zu finden, zu denen alle Zeit haben, und zweitens einzelne zurückhaltende Personen oftmals nicht mehr zu Wort kommen. Grundlage einer jeden Mastermind-Gruppe sind ihre regelmäßigen Treffen. Diese können persönlich stattfinden oder über Telefon beziehungsweise verschiedene Videogesprächsprogramme oder Apps wie Skype, Zoom oder Whatsapp-Call. Auch wenn persönliche Treffen oftmals noch mehr Energie freisetzen als Telefon- oder Videocallgespräche, liegen die Vorteile von letzteren auf der Hand: Erstens ist man dadurch bei der Auswahl der Mastermind-Mitglieder nicht örtlich gebunden und zweitens ist es viel leichter, einen Termin für den regelmäßigen Austausch zu finden, wenn jeder von dort mitmachen kann, wo er gerade ist. Außerdem spart man so An- und Abfahrtsweg und kann diese Zeit direkt wieder sinnvoll investieren. Wie oft sich die Gruppe treffen sollte, hängt ganz von den Mitgliedern und deren persönlichen Vorlieben ab. Einmal im Monat sollte das Minimum sein, um nicht den Fokus zu verlieren. Ich persönlich bevorzuge ein Treffen alle zwei Wochen. In dem Gespräch selbst sollte jeder dazu kommen, von seinen aktuellen Zielen und Herausforderungen zu berichten und dazu Fragen an die anderen zu stellen. Dafür kann es sinnvoll sein, einen Gruppenleiter oder Moderator zu bestimmen.

Neben dem Erfahrungsaustausch und gegenseitigem Support haben Mastermind-Gruppen noch einen entscheidenden Vorteil: Dadurch, dass du regelmäßig einem Kreis von Menschen, die du respektierst und von denen du eine hohe Meinung hast, von deinen Fortschritten berichten musst, bist du automatisch disziplinierter. Oder möchtest du beim nächsten Treffen erneut berichten müssen, dass du schon wieder nicht an deinem Projekt weitergearbeitet hast? Außerdem hast du so direkt eine Handvoll „Aufpasser“, die dich liebevoll an deine selbst gesteckten Ziele erinnern und dich auch darauf aufmerksam machen, wenn du von ihnen abdriftest und deine Aufmerksamkeit den falschen Dingen schenkst.

Vielleicht fragst du dich nun: Das klingt ja alles ganz schön, aber wo finde ich so eine Mastermind-Gruppe? Vielleicht hast du Glück und wirst irgendwann einmal von jemandem angesprochen, der dich fragt, ob du in seine Projektgruppe kommen möchtest. Wenn du dich nicht darauf verlassen möchtest, kann ich dir nur raten deine eigene zu gründen! Dies hat außerdem den Vorteil, dass du selbst aussuchen kannst, wen du gerne dabeihaben möchtest und diese Leute dann fragen kannst, ob sie daran Interesse haben. Wo du Menschen mit ähnlichen Träumen und Zielen findest, habe ich bereits am Anfang dieses Kapitels beschrieben.

Auffangnetz vs. Energieräuber

Nun haben wir viel darüber gesprochen, wie du Menschen in dein Umfeld ziehst, die dich weiterbringen und dabei unterstützen, deine Träume zu realisieren und deine Ziele zu erreichen. Ich stelle nun aber einfach einmal die Vermutung in den Raum, dass du nicht immer so warst, wie du heute bist, sondern dass du dich in den letzten Monaten und Jahren ganz schön verändert hast, um an den Punkt zu kommen, an dem du heute stehst. Daher bin ich mir sicher, dass du bereits Menschen in deinem Umfeld hast, die dich lieben, aber in vielen Bereichen nicht so denken und handeln wie du. Erinnern wir uns doch einmal kurz an das Beispiel, das ich am Anfang dieses Kapitels gegeben habe: Du kommst topmotiviert von einem Seminar zurück und bist fest entschlossen, ab sofort jedes Wochenende an der Erfüllung deiner Träume zu arbeiten. Deine Freunde jedoch können und wollen deine neue Motivation nicht verstehen und versuchen, dich stattdessen wieder dazu zu überreden, dich mit ihnen zu betrinken und die ganze Nacht Party zu machen – so wie du es früher auch gemacht hast. Wie du an dem kleinen Experiment mit der Stufe gesehen hast, ist es viel leichter, jemanden (wieder) runterzuziehen, als jemand anders hochzuheben. Das heißt also, wenn du nun keine Strategie hast, wie du trotz des Drucks, das dein Umfeld auf dich ausübt, standhaft bleibst und deine Zeit statt zum Feiern lieber zum Umprogrammieren deines Unterbewusstseins und all den anderen Dinge, die du in diesem Buch lernst, nutzt, wirst du früher oder später von deinen Freunden wieder auf ihre Stufe runtergezogen werden. Übrigens verwende ich das Wort „runterziehen“ hier keinesfalls wertend. Ich behaupte nicht, dass deine Freunde schlechtere Menschen sind als du und eine Art der Freizeitbeschäftigung im Allgemeinen besser oder schlechter ist als die andere. Ich beziehe mich nur auf die Tatsache, dass es sehr wohl Strategien gibt, die besser dafür geeignet sind deine jeweiligen Ziele zu erreichen, als andere. Da ich, wenn du dieses Buch schon bis hierher gelesen hast, davon ausgehe, dass deine Ziele nicht „meine Leber schädigen und jedes Wochenende viel Geld in Alkohol investieren, um kurzzeitig Spaß zu haben“ lauten, gehe ich einfach einmal davon aus, dass die Stufe, auf der sich deine Freunde im Moment befinden – und auf der du wohl früher auch einmal warst (sonst würdest du diese Freunde ja nicht haben) – nicht deine angestrebte Stufe ist.

Doch zurück zu unserem Beispiel, in dem du festentschlossen bist, dein Leben ab sofort zu verändern, deine Freunde das aber nicht recht akzeptieren wollen. Da stehst du also da mit deinen neuen Zielen und Vorsätzen und hörst deinen Freunden zu, wie sie auf dich einreden und dich dazu überreden versuchen, mit ihnen zum Feiern zu kommen. Wie viel leichter wäre es, einfach nachzugeben und auf „ein“ Bier mitzukommen, anstatt standhaft zu bleiben, dir dumme Sprüche gefallen zu lassen und dich Samstagabend alleine zu Hause vor deinen Laptop zu setzen, um an deinen Zielen zu arbeiten? Doch welche der beiden Optionen bringt dich langfristig deinen Träumen näher? Richtig – natürlich die zweite.

Du siehst also schon: Dein Umfeld kritisch zu betrachten heißt nicht nur zu überlegen, wie du dich mit Leuten umgeben kannst, die dich bei deinen neuen Lebenszielen unterstützen, sondern auch, wie du mit den Menschen in deinem bisherigen Umfeld umgehst, die sich nicht mit dir in die gleiche Richtung entwickeln möchten.

Bevor wir uns jedoch ansehen, was du in so einem Fall machen kannst, möchte ich dir einen Tipp geben, was du auf keinen Fall tun sollst: Versuche nicht dein Umfeld von deiner neuen Denkweise zu überzeugen. Dieser Satz ist so wichtig, dass du ihn am besten noch einmal liest und ihn dabei markierst. Idealerweise schreibst du ihn sogar auf einen Zettel und klebst ihn an den Kühlschrank, übers Bett oder neben deine Zahnbürste. Denn es wird der Moment kommen, in welchem du diesen Satz vergisst und den Fehler begehst, den jeder irgendwann begeht, wenn er beginnt sich mit persönlicher Weiterentwicklung zu beschäftigen: Du wirst versuchen, dein Umfeld von deiner neuen Denk- und Lebensweise zu überzeugen. Dieser Schritt ist nur logisch und leicht nachvollziehbar: Du bist begeistert von der neuen Welt, die sich dir plötzlich aufgetan hat. Du erlaubst dir endlich wieder große Träume zu haben – und kennst jetzt sogar die Strategien, wie du sie zur Realität machst! Nun denkst du, dass diese Möglichkeit doch alle Menschen sehen müssen – allen voran natürlich deine Liebsten. Für dich ist das nämlich auf einmal der erstrebenswerte Weg – ja wahrscheinlich sogar die beste Art und Weise, dein Leben zu leben, die du bisher kennengelernt hast. Selbstverständlich möchtest du also, dass deine Freunde und deine Familie auch die Chance bekommen, diese Lebensweise kennenzulernen. Doch ich verrate dir etwas: Du wirst dein Umfeld nicht von deiner neuen Denkweise überzeugen. Egal, wie begeistert du davon erzählst – wenn du beginnst zu missionieren und versuchst, die Menschen in deinem Leben dazu zu bringen, es doch auch auszuprobieren, hast du schon verloren. So hart es klingt, aber ich spreche aus eigener Erfahrung, wenn ich sage: Es wird nicht funktionieren. Bevor ich selbst auf diesen Weg gekommen bin, haben einige meiner Freunde versucht, mich für einige Methoden, die ich nun auch in diesem Buch beschreibe, zu begeistern – leider erfolglos. Später habe ich dann die andere Seite kennengelernt und selbst vergeblich versucht, mein Umfeld von meinem neuen Weg zu überzeugen. Okay, vielleicht gibt es diese Ausnahmepaare, bei denen einer völlig begeistert von einem Seminar zurückkommt und der zweite so neugierig darauf ist, was diese Veränderung bewirkt hat, dass er sich direkt auch dafür anmeldet. Aber in 99,9% der Fälle wird die Realität eher folgende sein: Je mehr du versuchst, den anderen davon zu überzeugen, umso stärker wird er alles, was du sagst, abblocken und runtermachen. Dafür gibt es drei leicht nachvollziehbare Gründe. Den ersten Grund habe ich bereits am Anfang dieses Kapitels genannt: Wenn wir versuchen jemanden von etwas zu überzeugen, fällt dieser automatisch in eine Position, in der sein Ego glaubt, seine eigene Denkweise verteidigen zu müssen. Mehr über diese Machtspielchen unseres Verstandes kannst du auch im Kapitel über das richtige Mindset nachlesen. Je mehr du also jemanden von deiner neuen Lebensweise überzeugen versuchst, desto stärker wird er sich dagegen wehren. Ganz extrem kann man das beispielsweise in dem sich so häufig wiederholenden Duell Vegetarier/Veganer gegen Fleischesser beobachten: Viele Menschen, die aus nachvollziehbaren Gründen beschlossen haben auf den Konsum von Fleisch und, wie im Falle von Veganern, oftmals sogar tierische Produkte jeglicher Art zu verzichten, wollen andere Menschen ebenfalls davon überzeugen. Sie beginnen dann Videos von den wirklich verheerenden Bedingungen in der tierischen Lebensmittelindustrie zu verschicken oder zu posten und weisen jedes Mal, wenn jemand neben ihnen Fleisch isst, anklagend darauf hin, dass dafür ein Tier sterben musste. Menschen, die bisher immer Fleisch gegessen haben, fühlen sich von dieser „erhobener Zeigefinger"-Methode jedoch zurecht angegriffen, versuchen unbewusst sich und ihre Verhaltensweise – das Fleischessen – zu verteidigen und schimpfen daher auf die Vegetarier/Veganer oder beginnen Witze über sie zu machen. Je mehr der Vegetarier/Veganer missioniert, umso mehr wird der Fleischesser die angesprochenen Themen ablehnen. Grund dafür ist sein Ego: Würde er sich nun mit den Gründen gegen den Fleischkonsum auseinandersetzen und feststellen, dass es tatsächlich viele Gründe dafür gibt, darauf zu verzichten, würde das bedeuten, dass er mit seinem Fleischkonsum bisher „unrecht" hatte – was für unser Ego einen Gesichtsverlust bedeutet. Dadurch fühlt sich das Ego in seiner Existenz bedroht und drängt ihn ganz unbewusst in diese ablehnende Position. Genau das Gleiche passiert dem Ego deines Partners, wenn du versuchst ihn von deiner neuen Denkweise und von Persönlichkeitsentwicklung zu überzeugen.

Der zweite Grund, warum es so gut wie nie funktioniert dein Umfeld von etwas zu überzeugen, ist die unterschiedliche Sprache, die wir alle sprechen. Damit meine ich nicht Deutsch, Englisch oder Chinesisch, sondern die Art und Weise, wie uns etwas vermittelt werden muss, damit wir es annehmen können. Jedes kleine Mädchen, das versucht seinen Papa davon zu überzeugen, ihm ein Eis zu kaufen, weiß, wie es seinen Vater um den Finger wickeln kann. Susis Vater reagiert zum Beispiel erst, wenn sie auf die Tränendrüse drückt, während bei Steffis Papa das Küsschen auf die Wange viel wirkungsvoller ist. Auch im Erwachsenenleben ist es äußerst hilfreich zu wissen, dass wir Menschen Sprachen unterschiedlich gut verstehen. Nicht jeder fühlt sich zum Beispiel von einem Christian Bischoff angesprochen, der auf der Bühne steht und dich mit „Champion" anredet. Genauso wenig kann jeder etwas mit Laura Malina Seiler und ihrem Spruch „Du bist ein Geschenk für die Welt" anfangen. Das ist der Grund dafür, wieso es so viele erfolgreiche Coaches, Speaker und Trainer gibt, die im Endeffekt eigentlich alle das Gleiche sagen – aber jeder auf seine eigene Art und Weise. Denn um etwas wirklich zu verstehen und es annehmen zu können, muss es mit unserem Inneren resonieren – also in der Sprache ausgedrückt werden, die wir sprechen. Zu wissen, welche Sprache jemand versteht, ist unglaublich schwierig, da es ungefähr so viele verschiedene Sprachen gibt wie Menschen. Wenn dich etwas so sehr begeistert, dass du plötzlich aus freien Stücken einen Großteil deines Lebens umplanen möchtest, ist es sehr wahrscheinlich, dass das, was du gehört oder gelesen hast genau deine Sprache getroffen hat. Das heißt aber nicht, dass es auch die Sprache deines Partners oder der anderen Menschen in deinem Umfeld treffen muss! Viel wahrscheinlicher ist, dass es das nicht tut. Dann können sie deine Begeisterung auch nicht nachvollziehen – und all deine Mühe, es ihnen in deiner Sprache zu erklären, ist vergeblich.

Der dritte Grund, warum es nichts bringt dein Umfeld von deinem neuen Weg überzeugen zu wollen, ist vielleicht am schwierigsten zu verstehen für dich: Es kann sein, dass dein Weg einfach nicht ihr Weg ist. Ich glaube fest daran, dass wir alle auf der Welt sind, um etwas Bestimmtes zu erfahren und zu lernen. Was das ist, ist jedoch von Mensch zu Mensch unterschiedlich. Wir wissen nicht, was unsere Freunde, Partner und Familienmitglieder in diesem Leben lernen und erfahren wollen. Im Grunde wissen wir ja nicht einmal über unsere eigene Lebensaufgabe so richtig Bescheid, oder? Das heißt also: Auch, wenn du der festen Überzeugung bist, dass einige deiner neuen Denkweisen dem anderen helfen könnten, ist es überheblich zu glauben, dass sie das wirklich tun. Denn du weißt nicht, wo auf seinem Weg der andere sich gerade befindet und was für ihn im Moment wichtig ist zu lernen. Daher rate ich dir – so schwer es dir auch fällt – den Weg deiner Freunde zu akzeptieren. Du musst ihn nicht für gut befinden, genauso wenig wie sie deinen Weg gutheißen müssen. Aber wenn du dir wünschst, dass sie deinen neuen Weg akzeptieren, solltest auch du sie ihren Weg gehen lassen, ohne sie von deinen Ansichten überzeugen zu wollen.

Nun hast du also festgestellt, dass einige aus deinem alten Umfeld deinen neuen Weg nicht mit dir gehen werden und du sie auch nicht davon überzeugen kannst. Wie aber gehst du nun mit solchen Menschen um? Im Prinzip gibt es nur zwei Möglichkeiten. Im Idealfall gelingt es euch, euer gutes

Verhältnis aufrecht zu halten, auch wenn ihr in vielen Bereichen nicht einer Meinung seid. Bestenfalls könnt ihr euch gegenseitig so akzeptieren wie ihr seid, ohne den anderen verändern zu wollen. Wenn das nicht funktioniert, es immer wieder zu Streit zwischen euch kommt und euch euer Verhältnis zueinander auf Dauer mehr Energie kostet, als es euch bringt, wird die einzige Möglichkeit sein, früher oder später den Kontakt abzubrechen oder zumindest zu reduzieren. Welche dieser beiden Optionen die bessere Variante ist, hat nicht nur damit zu tun, wie gut die einzelnen Parteien mit den unterschiedlichen Ansichten umgehen können, sondern auch damit, um welches Verhältnis es sich dabei handelt. Den Kontakt zu einem Freund abzubrechen, den man ohnehin erst ein paar Monate kennt, wird vermutlich leichter fallen, als zu einem Familienmitglied oder dem eigenen Partner. Außerdem hängt es davon ab, was für ein Typ Mensch du bist und wie gut du mit unterschiedlichen Meinungen gegenüber deiner eigenen umgehen kannst.

Einige, die ich kennengelernt habe, nehmen das mit den fünf Menschen in ihrem Umfeld sehr ernst und haben radikal aussortiert, mit wem sie Zeit verbringen. Dazu gehört auch, dass sie gar keinen Kontakt mehr zu langjährigen Freunden oder Familienmitgliedern haben, die eine andere Richtung eingeschlagen haben. Ich persönlich finde jedoch, dass dieser radikale Weg nicht unbedingt der richtige sein muss und es oftmals auch ausreicht, mit gewissen Menschen weniger Zeit zu verbringen. Ich habe bis heute einige Freunde in meinem Leben, die zwar nicht ganz nachvollziehen können, was ich im Moment so mache, die das aber inzwischen akzeptieren und nicht (mehr) versuchen mich davon abzuhalten. Manchmal finde ich es sogar ganz angenehm, für kurze Zeit wieder in mein altes Umfeld zu kommen, in dem es nicht darum geht, ständig achtsam zu sein, sondern wo ich auch einmal für kurze Zeit die ganze Selbstoptimierung und meine hochgesteckten Ziele hinter mir lassen kann. Diese Freunde – und auch Familienmitglieder – sorgen dafür, dass ich nicht abhebe und mich in meinen Träumen verliere, sondern von Zeit zu Zeit wieder auf den Boden zurückgeholt werde. Gleichzeitig habe ich aber auch einige Freundschaften beendet, die mich auf Dauer mehr Energie gekostet haben, als sie mir gegeben haben. Beispielsweise habe ich kaum noch negative Menschen in meinem Umfeld, die – egal, wie viele gute Aspekte es an einer Sache gibt – immer das Schlechte sehen. Auch habe ich keine Lust mehr darauf, mich ständig für meinen Lebensweg und meine Entscheidungen zu rechtfertigen. Wer mich nicht so akzeptiert, wie ich bin, und nicht damit leben kann, dass ich in vielen Aspekten einfach eine andere Einstellung und andere Interessen habe, den möchte ich auch nicht in meinem Leben haben. Es war ein harter Weg für mich, zu lernen, die Meinung und Ansichten anderer Menschen bedingungslos zu akzeptieren – daher erwarte ich dies auch von denen, mit denen ich mich selbst umgebe. Wir können uns nicht immer aussuchen, wer in unser Leben tritt – aber wir haben sehr wohl immer eine Wahl im Hinblick darauf, wer in unserem Leben bleibt.

Damit wir uns nicht falsch verstehen: Darauf zu achten, mit wem du deine Zeit verbringst, heißt für mich nicht, jeden aus deinem Leben zu streichen, der nicht deine Weltanschauung teilt. Im Gegenteil – ich finde es sogar wichtig, dass wir uns nicht nur in unserer Seifenblase bewegen, sondern auch über den Tellerrand schauen und uns mit Leuten austauschen, die Dinge anders sehen als wir. Wenn ich mich nur mit Menschen umgebe, die alles, was ich sage, toll finden und keine gegensätzliche Meinung dazu haben, verlerne ich irgendwann Ansichten kritisch zu hinterfragen und meinen eigenen Verstand zu benutzen. Aber mein Tag hat auch nur 24 Stunden, und ein Großteil davon ist für Schlaf, Essen und die Arbeit an meinen Projekten reserviert. Da verbringe ich die restliche Zeit, die mir bleibt, lieber mit jemandem, der mir guttut und von dem ich lernen, beziehungsweise dem ich etwas beibringen kann, als mit jemandem, der negative Stimmung verbreitet.

DEINE ENERGIE HOCHHALTEN

„Sometimes the most productive thing we can do is nothing at all" – Holley Gerth

Du bist also fest dazu entschlossen, all deine Ziele zu erreichen und nicht eher aufzugeben, bevor du dein Traumleben erschaffen hast? Eine sehr gute Einstellung! Wenn du das Buch schon bis zu dieser Stelle gelesen hast, wird dich vielleicht schön langsam das Gefühl überkommen, dass es doch ganz schön aufwendig ist, deine Träume zur Realität zu machen. Tatsächlich braucht es vor allem eines: Eine ganze Menge Energie. Nur wer konsequent täglich an seinem eigenen Mindset arbeitet, regelmäßig seine Komfortzone verlässt und vor allem seine Projekte in die Tat umsetzt, wird auch etwas erreichen.

Je weiter dein jetziges Leben von dem angestrebten Leben entfernt ist, umso mehr wirst du an dir selbst arbeiten müssen und umso anstrengender wird es werden. Damit du deine Ziele auch wirklich erreichst und nicht auf dem Weg dorthin aufgibst, ist es wichtig, dass du dein Energielevel konstant hochhältst. Denn nur wer genügend Energie hat, wird das nötige Durchhaltevermögen aufbringen können, um seine Träume zu verwirklichen.

Es gibt zwei Schrauben, an denen du drehen kannst, wenn du dein Energielevel erhöhen möchtest: Deinen Körper und deinen Geist. In diesem Kapitel gehen wir erst auf die körperliche Komponente ein. Die drei großen Bereiche, die du hier selbst hinsichtlich deines Energielevels beeinflussen kannst, sind deine Ernährung, Bewegung und erholsamer Schlaf. Auch bestimmte Atemtechniken und der gezielte Einsatz von Kälte können einen Energieboost geben, weshalb diese Techniken ebenfalls in dem Abschnitt besprochen werden. Anschließend schauen wir uns die oftmals vernachlässigte geistige Komponente an. Zum Schluss stelle ich dir das Prinzip von Biohacking vor und wir erläutern, ob es sich auch für dich lohnen könnte, zum Biohacker zu werden.

Auf deinen Körper achten

Schon im alten Rom wusste man: „Mens sana in corpore sano" – ein gesunder Geist wohnt in einem gesunden Körper. Dein Körper ist dein Tempel – das Haus deines Geistes und deiner Seele. Er begleitet dich von deiner Geburt bis zum Tod. Und auch wenn er sich in dieser Zeit immer wieder stark verändert und vielleicht nicht immer so aussieht wie wir das gerne hätten: Jeder, der sich schon einmal genauer damit beschäftigt hat, wie eigentlich unsere Atmung, das Herz-Kreislauf-System oder die Verdauung funktioniert, wird feststellen, was für ein Wunderwerk unser Körper eigentlich ist. Vielleicht sollten wir uns öfter einmal darauf konzentrieren, anstatt uns vor den Spiegel zu stellen und uns darüber zu beschweren, dass wir an dieser Stelle ein bisschen zu viel Fett haben und an jener Stelle ein Fältchen oder Dellchen zu sehen ist?

Uns allen wurde nur dieser eine Körper geschenkt. Daher sollten wir auch gut auf ihn achtgeben. Dazu gehört, dass wir ihm gesunde Nahrung zuführen, ihn regelmäßig bewegen und ihm ausreichend Erholung und Schlaf gönnen. Langfristig wirken sich diese drei Aspekte deutlich auf unsere Gesundheit aus und können dazu beitragen, dass unser Körper bis ins hohe Alter fit bleibt und unser Geist und unsere Seele gerne darin wohnen. Doch auch kurzfristig sollte man die Bedeutung von Ernährung, Bewegung und Schlaf nicht unterschätzen, denn alle drei haben eine direkte Auswirkung auf unser Energielevel.

Da die Energie, die uns zur Verfügung steht, maßgeblich mitbestimmt, wie viel wir in unserem Leben umsetzen und ob – oder zumindest wie schnell – wir unsere Träume zur Realität machen, solltest du dir im Alltag ausreichend Zeit nehmen, dich mit deinem Körper und damit, was ihm guttut, zu beschäftigen.

Abgesehen von den drei genannten Hauptaspekten gibt es auch noch andere Bereiche, die dir helfen können, dein Energielevel kurzfristig – oder bei regelmäßiger Anwendung sogar langfristig – zu heben. Und damit meine ich nicht die auf Dauer eher schädlichen Tricks, die wir alle hin und wieder anwenden, beispielsweise übermäßigen Koffeinkonsum, sondern vielmehr natürliche Hacks wie Atemtechniken oder Kälteanwendungen. Diesen wenden wir uns zu, nachdem wir die drei Basics ausreichend geklärt haben.

Gesunde Ernährung

Die einfachste Art der Energiezufuhr erfolgt über unsere Nahrung. Sie ist der Treibstoff für unseren Körper. Jeder, der schon einmal nach einem üppigen Mittagessen im „Fresskoma" war oder sich umgekehrt nach einem Salat oder Smoothie fitter fühlte als zuvor, wird mir zustimmen, wenn ich sage: Nicht jede Nahrung spendet gleich viel Energie – genauso wie auch die verschiedenen Treibstoffe für unser Auto nicht gleichwertig sind. Je besser der Treibstoff, desto weiter kommen wir damit. Der falsche Treibstoff jedoch kann entweder ganz schnell oder erst nach einer gewissen Zeit zu Motorschäden führen. Genauso kann auch die falsche Ernährung dich kurzzeitig träge und langfristig sogar krank machen.

Wenn du weißt, dass dein Auto mit Benzin fährt, würdest du keinen Diesel tanken, oder? Leider aber machen viele Menschen – mich eingeschlossen – genau das: Sie tanken nicht den richtigen Treibstoff für ihren Körper. Fastfood, Süßigkeiten und Co machen zwar kurzfristig satt, versorgen deinen Körper aber nicht mit den notwendigen Vitaminen und

Nährstoffen, wodurch du keine Energie daraus ziehen kannst und auf Dauer an Mangelerscheinungen leiden wirst, weil dein Körper unterversorgt ist an lebensnotwendigen Vitaminen, Mineralstoffen und Spurenelementen.

Wir alle wissen, dass wir uns gesund ernähren sollten, vernachlässigen es im Alltag aber viel zu oft. Zu groß ist die Versuchung, sich schnell einmal ein Stückchen Schokolade zum Kaffee zu gönnen. Oft sind wir auch einfach zu faul und haben nicht die notwendige Disziplin, uns abends nach einem stressigen Tag im Büro noch etwas Gesundes für den nächsten Tag vorzukochen. Immerhin können wir uns ja genauso gut einfach bei der Dönerbude ums Eck etwas holen, das ist ja viel bequemer.

Bei kaum einem Thema scheiden sich die Geister übrigens so sehr wie dabei, wie gesunde Ernährung überhaupt aussieht. Für die einen ist es vegan, für die anderen vegetarisch, wieder andere schwören auf Rohkost, einige verzichten auf Kohlenhydrate, und so weiter. Ich möchte mit diesem Buch keine Debatte darüber auslösen, welche Ernährungsform die beste für den Menschen ist. Weder bin ich Expertin darin, noch ist mein Ziel, zu missionieren und dich von irgendetwas zu überzeugen. Außerdem bin ich der Meinung, dass es nicht eine einzige richtige Form der Ernährung gibt, sondern jeder Mensch für sich selbst herausfinden muss, was der beste Treibstoff für ihn selbst ist. Es gibt bereits viele großartige Bücher, Blogs und Podcasts zu dem Thema Ernährung von Leuten, die sich intensiv damit auseinandergesetzt haben, was für sie der richtige Ernährungsweg ist. Ich kann nur jedem empfehlen, sich möglichst umfangreich zu informieren und sich dann selbst sein eigenes Bild zu machen. Lies dich ein in die verschiedenen Ernährungsformen und die zahlreichen Gründe dafür, auf gewisse Nahrungsmittel zu verzichten. Überlege dir, womit du dich identifizieren kannst, und dann probiere aus, was langfristig für dich funktioniert.

Doch egal, ob du eine ganz bestimmte Ernährungsform für dich wählst oder nicht: Es gibt ein paar ganz einfache Grundregeln, welche dir erlauben, dein Energielevel hochzuhalten. Für die meisten von euch werden diese nicht neu sein – aber Wissen und angewandtes Wissen sind oft zwei verschiedene Paar Schuhe. Daher denke ich schadet es nicht, wenn wir uns diese Grundregeln noch einmal kurz ansehen:

1. Trinke ausreichend Wasser

Du solltest täglich rund zwei Liter Wasser trinken, damit dein Körper die Flüssigkeit, die er ausscheidet, wieder ersetzen und Schadstoffe problemlos ausscheiden kann. Zusätzlich hilft genügend zu trinken dabei, konzentriert und leistungsfähig zu bleiben. Ganz besonders nach dem Aufstehen solltest du gleich ein Glas Wasser trinken, um den Flüssigkeitsverlust deines Körpers während der Nacht auszugleichen. Am besten eignet sich stilles Wasser beziehungsweise Leitungswasser.

2. Möglichst pflanzenbasierte Nahrungsmittel

Den Hauptteil deiner Ernährung sollten – unabhängig davon, ob du dich vegetarisch/vegan ernährst oder nicht – pflanzenbasierte Produkte ausmachen, das heißt Gemüse, Obst, Vollkornprodukte, Hülsenfrüchte und Nüsse. Gemüse sollte so oft wie möglich roh gegessen werden, da es im gekochten Zustand wichtige Vitamine verliert. Eine gute Möglichkeit, auf deinen täglichen Bedarf an rohem Obst und Gemüse zu kommen, sind zum Beispiel Green Smooties. Darunter versteht man Smoothies, die aus ca. 1/3 Obst und 2/3 grünem Gemüse wie Salat, Spinat, Sprossen und Wildkräutern gemixt werden.

3. Vermeide Zucker

Zucker schadet nicht nur unseren Zähnen, sondern unserer gesamten Gesundheit. Er hat viele Kalorien, macht süchtig und sorgt dafür, dass du dich müde, antriebslos und abgeschlagen fühlst. Außerdem schwächt Zucker dein Immunsystem, wodurch du anfälliger für Krankheiten wirst. In unserer industriellen Welt hat sich Zucker regelrecht zur Volksdroge entwickelt. Nicht nur Lebensmittel, von denen man es erwartet – beispielsweise Süßigkeiten, Marmeladen oder Kuchen – enthalten zu viel Zucker. Auch vielen pikanten Lebensmitteln, die wir im Supermarkt kaufen, ist Zucker zugesetzt – beispielsweise Fertiggerichten, Saucenbindern oder Aufstrichen. Der Grund dafür ist, dass Zucker durch die Bindung von Wasser ein billiger Füllstoff und Konservierungsmittel ist und gleichzeitig für einen guten Geschmack sorgt. Nicht immer ist in der Zutatenliste auf den ersten Blick zu erkennen, dass ein Produkt Zucker enthält, da er oft hinter Begriffen wie Maltodextrin, Gerstenmalz, Raffinose oder Glukose versteckt wird. Die Folge ist, dass wir so gut wie alle viel zu viel Zucker zu uns nehmen. Du möchtest nicht, dass du – nur weil du unbewusst täglich zu viel Zucker isst – Energie verlierst, die du darin stecken könntest, deine Träume zu verwirklichen? Dann solltest du auf Süßigkeiten weitgehend verzichten und so wenig industriell verarbeitet Lebensmittel zu dir nehmen wie möglich.

4. So wenig Fertigprodukte wie möglich

Dieser Punkt schließt an den vorherigen Punkt an: Iss so wenig Fertigprodukte wie möglich. Einen Grund dafür kennst du bereits: Den versteckten Zucker. Außerdem beinhalten Fertigprodukte Konservierungsmittel sowie Geschmacksverstärker, die süchtig machen und schlecht für deinen Körper sind. Viele Fertigprodukte enthalten außerdem zu viel Fett und Salz. Da sie auch möglichst billig produziert werden sollen, wird oft getrickst, was die Zutaten betrifft, wodurch sie viel weniger Nährstoffe und Vitamine enthalten, als wenn du frisch kochst. Auch wenn du wenig Zeit hast, solltest du versuchen so viel wie möglich selbst zu kochen. Wenn du zum Beispiel Lasagne selbst machst, anstatt sie tiefgekühlt zu kaufen, weißt du ganz genau, was du isst und kannst darauf achten, hochwertige Zutaten zu verwenden –

beispielsweise regionale Produkte oder Lasagneblätter aus Vollkorngetreide.

5. Qualitativ hochwertige Zutaten

Wenn du deine Gerichte selbst kochst solltest du vor allem darauf achten, frische, qualitativ hochwertige Lebensmittel zu kaufen, die frei von Schadstoffen sind. Am besten greifst du auf regionale Bioprodukte zurück. Wer jetzt mit dem Argument kommt, dass er sich das auf Dauer nicht leisten kann: Der durchschnittliche Deutsche wirft rund 85 Kilogramm Lebensmittel pro Jahr weg.[15] Sei ehrlich zu dir selbst: Wie oft landen bei dir zu Hause Lebensmittel im Müll, weil du sie nicht rechtzeitig gegessen hast? Wenn du in Zukunft für das gleiche Geld weniger Lebensmittel, dafür aber qualitativ hochwertigere kaufst, tust du nicht nur deiner Gesundheit etwas Gutes, sondern hilfst auch der Lebensmittelverschwendung entgegenzuwirken.

Außerdem finde ich persönlich, dass man nicht beim Essen sparen sollte: Wie bereits erwähnt ist die Nahrung der Treibstoff für unseren Körper. Qualitativ hochwertiger Treibstoff sollte es uns schon wert sein, ein bisschen mehr dafür auszugeben. Zudem ist jeder Euro, den wir hier ausgeben, eine Investition in unsere Gesundheit. Wenn wir unseren Körper durch jahrelange falsche Ernährung schädigen, werden die Kosten, die wir später für Heilung ausgeben müssen, um ein Vielfaches höher sein als der Aufpreis für hochwertige Lebensmittel heute.

6. Alkohol und Kaffee in Maßen

Dass Alkohol als Nervengift nicht gesund für dich ist, dürfte dir vermutlich klar sein. Nicht nur, dass er auf Dauer deine Leber und sonstige Organe schädigt, er mindert auch

[15] https://www.zeit.de/wissen/2019-05/lebensmittelverschwendung-haushalte-essen-muell-deutschland

deine Leistungsfähigkeit am nächsten Tag – Stichwort Kater. Daher solltest du Alkohol in Maßen genießen – vor allem, wenn du am nächsten Tag an deinen eigenen Projekten arbeiten willst.

Auch für Kaffee gilt: Je weniger davon du brauchst, umso besser. Erstens macht Koffein abhängig und gibt dir bei regelmäßigem Konsum das Gefühl, dass du es benötigst, um wach und leistungsfähig zu sein. Und zweitens wirst du dadurch zwar vorübergehend munter, hast aber anschließend einen starken Abfall deiner Leistungskurve, wodurch du noch müder bist als zuvor. Da brauchst du dann wieder Koffein, um effizient an deiner Idee zu arbeiten – ein Teufelskreis.

Diese Liste ließe sich problemlos fortsetzen und ergänzen. Doch weniger ist oft mehr: Wenn du dir diese sechs Prinzipien zu Herzen nimmst, wirst du bald merken, dass du plötzlich mehr Energie zur Verfügung hast – ohne dass du dir fünfzig verschiedene Dinge gleichzeitig merken musst.

Bewegung

Neben der richtigen Ernährung spielt auch regelmäßige Bewegung eine große Rolle für deine Gesundheit. Jegliche Form der Bewegung stärkt das Herz-Kreislaufsystem, verbessert den Fettstoffwechsel, verringert das Risiko, an verschiedenen Krankheiten wie beispielsweise Diabetes zu erkranken, stärkt den Bewegungsapparat und das Immunsystem, verbessert die Gehirnfunktion und wirkt sich positiv auf deine Psyche aus. Und das war nur eine kleine Auswahl der positiven Auswirkungen regelmäßiger Bewegung!

Wenn wir ehrlich sind, wissen wir das alles bereits, oder? Und trotzdem ist im Alltag unser innerer Schweinehund oftmals stärker als unser Bewegungsdrang. Täglich die Treppe statt den Aufzug zu nehmen oder sich mindestens zweimal die Woche zum Sport aufzuraffen ist jedoch nicht nur gut für deine Gesundheit, sondern kann auch eine gute Möglichkeit sein, deine Disziplin zu stärken. Außerdem sorgt Bewegung kurzfristig dafür, dass dein Kreislauf in Schwung kommt und du gepusht wirst. Wenn du an deinem Projekt arbeitest und merkst, dass du langsam müde wirst, kannst du dich selbst wieder aufwecken, indem du eine Runde spazieren gehst oder ein kurzes Workout einlegst.

Grundsätzlich hast du zwei Möglichkeiten, Bewegung in deinen Alltag einzubauen: Erstens kannst du für einen aktiven Alltag sorgen. Das heißt zum Beispiel, dass du kürzere Strecken zu Fuß gehst oder mit dem Fahrrad fährst, anstatt ins Auto oder in den Bus zu steigen, dass du öfter mal die Treppe nimmst oder beim Telefonieren aufstehst und durch das Zimmer spazierst, anstatt am Schreibtisch sitzen zu bleiben. Empfohlen wird täglich 10.000 Schritte zu machen – ob du das schaffst oder nicht kannst du mit Apps am Handy leicht überprüfen. Am Iphone ist die Health App, welche automatisch deine Schritte zählt, zum Beispiel schon vorinstalliert.

Abgesehen davon, dass du Aktivitäten in dein tägliches Leben einbauen sollst, solltest du deinen Körper zusätzlich durch regelmäßigen Sport fit halten. Hier kommt Joggen, das klassische Fitnessstudio oder die Yogaeinheit ins Spiel – eben all das, was wir uns zwar regelmäßig vornehmen, dann aber tausend Ausreden finden, wieso es heute „doch nicht so gut passt". Das öffentliche Gesundheitsportal Österreichs empfiehlt pro Woche mindestens 2 ½ Stunden Bewegung mit mittlerer Intensität oder 1 ¼ Stunden mit höherer Intensität, um die Gesundheit zu fördern und aufrecht zu erhalten.[16] Mittlere Intensität bedeutet, dass eine Unterhaltung dabei noch möglich ist, während man bei höherer Intensität nur noch kurze Wortwechsel vornehmen kann. Idealerweise variiert man Kraftsportarten mit Ausdauersport. Beispiele für Ausdauersport sind Joggen, Radfahren, Inlineskaten, Schwimmen oder Wandern. Unter Kraftsport verstehen viele das Training mit Gewichten – genauso gut kann man aber auch

---

[16] https://www.gesundheit.gv.at/leben/bewegung/gesund-durch-sport/bewegungsempfehlungen-erwachsene

mit dem eigenen Körpergewicht trainieren. Dafür braucht man übrigens keine teure Mitgliedschaft in einem Fitnessstudio: Das Internet ist voll von „Workout für Zuhause – ohne Geräte“ und ähnlichen Videos. Alles, was du dafür machen musst, ist deinen inneren Schweinehund zu überwinden und deine Sporthose anzuziehen.

Da es im Bereich Sport meist nicht am Wissen, sondern am Tun scheitert, möchte ich in diesem Buch gar nicht mehr viele Worte darüber verlieren. Zwei Denkanstöße will ich dir aber gerne noch mitgeben auf deinen sportlichen Weg:

Wichtig finde ich ist, dass du eine Sportart findest, die dir Spaß macht. Ich war zum Beispiel kein wirklicher Fan von Sport – bis ich Poledance entdeckt habe. Plötzlich hatte ich eine Sportart gefunden, die mir so viel Spaß machte, dass ich auch zusätzlich anfing, alle paar Tage Krafttraining mit dem eigenen Körpergewicht zu betreiben, um genug Muskelkraft für die schwierigeren Tricks an der Pole aufzubauen. Irgendwann bin ich dann vom Sportmuffel zum totalen Sportfreak geworden und habe an sechs Tagen die Woche für mindestens eine Stunde am Tag freiwillig trainiert. Inzwischen hat sich das wieder etwas eingependelt, aber meine Liebe zur Bewegung ist geblieben und ich versuche, mindestens zweimal die Woche Sport zu machen. Daher lass mich dir sagen, dass ich weiß, wovon ich spreche, wenn ich behaupte: Es gibt für jeden Menschentyp eine Sportart, die ihm Spaß macht. Wenn du dich nicht gerne bewegst, musst du vielleicht einfach noch ein wenig suchen, bis du deinen Lieblingssport entdeckst. Meiner Meinung nach aber bringt es nichts, dich zum Beispiel zum Joggen zu zwingen, nur weil es alle machen, wenn Laufen einfach so gar nicht dein Ding ist. Das verdirbt dir nur den Spaß an der Bewegung. Also probiere ruhig verschiedene Sportarten aus – so lange, bis du deinen neuen Lieblingssport gefunden hast.

Zweitens ist auch beim Thema Sport deine Einstellung das A und O: Du solltest damit beginnen, dich regelmäßig zu bewegen, weil du deinen Körper liebst – und nicht, weil du ihn hasst. Leider beobachte ich immer wieder, dass viele Menschen vor allem deshalb Sport treiben, weil sie etwas an ihrem Körper verändern möchten. Besonders für Frauen ist das oft die Hauptmotivation. Kurzfristig mag die Bikinifigur zwar auch motivieren, aber die meiner Meinung nach langfristig einzig richtige Motivation dafür, dich regelmäßig zu bewegen, sollte sein, dass du deinen Körper liebst und ihn gesund halten möchtest. Dein Körper verbringt jeden Tag Höchstleistungen für dich – da sollte es das Mindeste sein, dass du deinen Beitrag zu seiner langfristigen Gesundheit leistest, indem du ihn regelmäßig bewegst.

Ausreichend Schlaf

Ein weiterer Punkt, der unerlässlich ist, um dein Energielevel hochzuhalten, ist ausreichend erholsamer Schlaf. Ich schreibe bewusst ausreichend und erholsam, da nicht nur die Stundenanzahl entscheidend ist, sondern auch die Qualität des Schlafes. Wer neun Stunden schläft, aber jede halbe Stunde aufwacht und dadurch nie in die Tiefschlafphase gelangt, ist morgens vielleicht weniger erholt, als jemand, der sieben Stunden durchgehend geschlafen hat.

Gerade in der Persönlichkeitsentwicklung beobachte ich schon länger, dass das Thema Schlaf vernachlässigt oder sogar runtergespielt wird. Während sich alle darin einig sind, dass gesunde Ernährung und ausreichend Bewegung notwendig sind, um leistungsfähig zu sein, spricht kaum jemand über die Rolle des Schlafes. Im Gegenteil: Viele „Gurus“ oder bekannte Gesichter der Szene geben sogar noch den Tipp, täglich eine Stunde früher aufzustehen oder sein Schlafpensum langfristig zu reduzieren, um noch mehr Zeit für die Selbstoptimierung und das fokussierte Arbeiten an seinen Zielen zur Verfügung zu haben. Jemand, der die halbe Nacht an einem Projekt arbeitet und am nächsten Morgen wieder um sechs Uhr aufsteht, um seine Morgenroutine durchzuziehen und sich wieder an die Arbeit zu setzen, wird sogar noch bewundert und gefeiert. Was dabei jedoch niemand anmerkt, ist, dass das auf

Dauer zu einem Schlafmangel führt, was sich auf die Gesundheit auswirkt und damit ein teurer Preis ist.

Schlaf ist für uns Menschen lebensnotwendig. Zwar können wir kurzfristig eine oder zwei Nächte wachbleiben, doch spätestens nach ein paar Tagen holt sich unser Körper zurück, was er braucht – wir schlafen einfach ein. Die körperlichen Folgen von Schlafmangel sind wohl jedem bekannt, der schon einmal eine Nacht durchgemacht hat. Sie reichen von einer rapiden Abnahme der Konzentrationsfähigkeit, über körperliche Beschwerden wie extreme Erschöpfung, bis hin zu psychischen Auswirkungen. Beispielsweise sind wir, wenn wir zu wenig geschlafen haben, leichter reizbar.

Wieso genau Schlaf für uns so wichtig ist, hat die Wissenschaft noch nicht vollständig geklärt. Was wir aber bereits wissen:

Ausreichend Schlaf ist notwendig, um die Funktion unseres Immunsystems zu erhalten. Wer zu wenig schläft, ist anfälliger für Krankheiten.

Unser Gehirn arbeitet, auch wenn wir schlafen, auf Hochtouren. Es nutzt die Zeit für Aufräum- und Reparaturarbeiten, die es während wir wach sind nicht durchführen kann. Es verarbeitet die Eindrücke und Informationen des Tages, schafft neue Verbindungen zwischen den Nervenzellen, löscht unwichtige Informationen und überträgt wichtige Informationen ins Langzeitgedächtnis. Jeder Schüler, der schon einmal spät am Abend Vokabeln gelernt hat, kennt diesen Effekt: Am nächsten Tag wissen wir wie durch Zauberei plötzlich auch die Wörter, die wir am Vorabend noch nicht abrufen konnten – unser Gehirn hat weitergelernt, während wir geschlafen haben.

Auch unser Körper erholt und regeneriert sich in der Nacht. Die Aktivität des Herzens wird heruntergefahren und unsere Muskeln können sich entspannen.

Wie viel Schlaf notwendig und gesund ist, daran scheiden sich – ähnlich wie beim Thema gesunde Ernährung – die

Geister. Grundsätzlich lässt sich sagen, dass die ideale Stundenanzahl an Schlaf von Mensch zu Mensch verschieden ist und mit zunehmendem Alter leicht abnimmt. Ich persönlich brauche zum Beispiel viel Schlaf. Idealerweise schlafe ich knapp neun Stunden täglich. Wenn ich weniger als acht Stunden Schlaf bekomme, merke ich sofort, dass ich nicht so leistungsfähig und auch schneller gereizt bin. Manche Leute behaupten ja, man könne auch zu viel schlafen und sich deshalb abgeschlagen fühlen. Ich habe die Erfahrung gemacht, dass ich, wenn ich ausgeschlafen bin, von alleine munter werde – egal zu welcher Tages- oder Nachtzeit. Wie so oft gilt auch beim Thema Schlaf: Was am besten funktioniert, muss jeder Mensch für sich alleine herausfinden. Wer sich selbst ein wenig kennt und beobachtet – und ehrlich zu sich ist –, wird schnell merken, welche Stundenanzahl notwendig ist, um im Alltag leistungsfähig und energiegeladen zu sein. Bei den meisten Menschen werden das dauerhaft zwischen sieben und neun Stunden Schlaf pro Nacht sein.

Wie bereits erwähnt kommt es aber nicht nur darauf an, wie viele Stunden du schläfst, sondern auch auf die Qualität deines Schlafes. Um einen möglichst erholsamen Schlaf zu haben, kannst du im Vorfeld bereits einige Dinge beachten.

Sorge für einen ruhigen, dunklen Schlafbereich und eine bequeme Matratze.

Nimm deine Probleme nicht mit ins Bett. Wenn du gestresst bist, dir viele Dinge im Kopf herumschwirren oder du Sorgen hast, schläfst du schlechter. Dann wird es dir schwerer fallen einzuschlafen, du wachst häufiger auf oder du wirst von Albträumen verfolgt. Ich weiß, es ist leichter gesagt als getan, vor dem Schlafengehen die Dinge, die dich gerade beschäftigen, einfach abzulegen. Aber du kannst zumindest versuchen bereits abzuschalten, bevor du dich bettfertig machst und deine Gedanken und Probleme bis zum nächsten Tag auf die Seite zu schieben. Wenn du aktuell viele Dinge zu erledigen hast, kann es bereits helfen eine To-Do-Liste für den nächsten Tag zu erstellen, sodass du das Gefühl hast, sie aus deinem Kopf zu bringen. Auch Tagebuchschreiben oder

Meditation kann abends helfen den Kopf freizubekommen und deine Gedanken zu sortieren.

Auch wenn es schwerfällt: Versuche, ungefähr eine Stunde bevor du ins Bett gehst nicht mehr auf dein Smartphone, dein Tablet oder deinen Laptop zu schauen. Ein Grund, warum das ständige Checken unseres Handys oder Computers zu weniger erholsamen Schlaf führen kann: Das blaue Bildschirmlicht hemmt die Bildung des Schlafhormones Melatonin – welches uns abends müde werden lässt. Besonders wenn du an Einschlafproblemen leidest, solltest du es dir zur Gewohnheit machen, vor dem Schlafengehen nicht mehr auf einen Bildschirm zu starren. Ein weiterer Grund, wieso du unmittelbar vor dem Schlafengehen dein Handy oder deinen Laptop lieber nicht mehr anrühren solltest, ist, dass uns Medienaktivitäten innerlich auf- und anregen, anstatt zur Ruhe kommen zu lassen. Wer, bevor er abends ins Bett geht, noch einen Actionfilm schaut oder durch Instagram scrollt, versorgt sein Unterbewusstsein noch einmal mit vielen Eindrücken, die es dann in der Nacht verarbeiten muss. Dadurch schlafen und träumen wir unruhiger. Idealerweise füllst du die letzte Stunde vor dem Schlafengehen also mit anderen Aktivitäten, beispielsweise Lesen oder Meditieren.

Am besten sorgst du sogar dafür, dass sich gar keine technischen Geräte in deinem Schlafzimmer befinden. Wenn das nicht geht (Stichwort: „Aber mein Handy ist doch mein Wecker“) schalte sie zumindest aus oder in den Flugmodus. Dadurch verringerst du die Strahlenbelastung, über deren Langzeitauswirkungen noch nicht viel bekannt ist, und sorgst für einen erholsamen Schlaf. Oder du investierst zehn Euro und kaufst einfach einen Wecker. So einfach lassen sich manche Probleme lösen…

Atemtechniken

Eine weitere körperliche Funktion, die erheblichen Einfluss auf unser Energielevel hat, ist die Atmung. Diese für uns lebenswichtige Handlung, bei der unser Körper mit Sauerstoff versorgt wird, geschieht einfach nebenbei und ganz von alleine – wir müssen uns dafür nicht anstrengen, ja wir müssen uns nicht einmal darauf konzentrieren. Umgekehrt können wir unsere Atmung aber ganz bewusst nutzen und dafür einsetzen, kurzzeitig mehr Energie zu erlangen und uns besser konzentrieren zu können. Probiere das nächste Mal, wenn du dich müde oder unkonzentriert fühlst, einfach einmal ein paar tiefe Atemzüge in den Bauch hinein zu machen. Du wirst merken, dass du dich anschließend direkt erholter und fitter fühlst. So machtvoll ist unsere Atmung!

Die richtige Atmung, welche Babys von ganz alleine beherrschen, ist die Bauchatmung. Dabei wird tief in den Bauch eingeatmet, sodass sich dieser sichtbar vor- und beim Ausatmen zurückwölbt. Beim Einatmen wird das Zwerchfell zusammengezogen und den Lungen mehr Platz gegeben, wodurch sie mit einem einzigen Atemzug mehr Luft einsaugen können, als das bei einer anderen Form der Atmung der Fall ist. Die meisten Erwachsenen atmen jedoch nicht in den Bauch ein, sondern in den Brustkorb. Diese Atmung ist flacher und versorgt unser Herz- Kreislaufsystem mit weniger Sauerstoff als die Bauchatmung, was auf Dauer schlecht für unsere Gesundheit ist.

Abgesehen von der Bauchatmung, die wieder zu unserer normalen Atmung werden sollte, gibt es auch verschiedene Atemtechniken, die sowohl ausgleichend und beruhigend wirken, als auch einen regelrechten Energieschub geben können. In der Yogalehre gibt es beispielsweise die Pranayama, welche als „Atemübungen" übersetzt werden können. Treffender wäre aber die Bezeichnung „Energieübungen, welche die Atmung als Werkzeug verwenden." Die Sanskrit-Bezeichnung setzt sich zusammen aus „Prana", was so viel wie „Lebensenergie" bedeutet, und „Ayama" – der „Kontrolle". Diese Pranayama-Übungen sollen dabei helfen, unsere Atmung bewusst zu steuern, zurück zur natürlichen Atmung zu finden und dadurch unsere Lebensenergie in Schwung zu bringen. Während fortgeschrittene Übungen nur unter Anleitung eines Yogalehrers durchgeführt werden sollen, da sie bei nicht achtsamer Ausführung zu einem leichten Schwindelgefühl und Kreislaufbeschwerden führen können, gibt es auch einige Übungen für Anfänger, welche du einfach einmal zu Hause ausprobieren kannst. Eine dieser Übungen ist die Wechselatmung ohne Luftanhalten – Anuloma Viloma genannt.

1. Nimm dazu deine rechte Hand und klappe Zeige- und Mittelfinger nach unten, Ringfinger und der kleine Finger liegen eng beieinander. Diese Handhaltung wird Vishnu-Mudra genannt. Leg deine Hand nun so an deine Nase, dass du mit dem Daumen dein rechtes Nasenloch und mit dem Ringfinger das linke Nasenloch zuhalten kannst.
2. Schließe nun mit dem Daumen dein rechtes Nasenloch und atme langsam und gleichmäßig durch das linke Nasenloch ein. Dann schließt du mit dem Ringfinger das linke Nasenloch, öffnest gleichzeitig das rechte Nasenloch und atmest dadurch langsam aus.
3. Danach atmest du durch das rechte Nasenloch ein, anschließend verschließt du es wieder, öffnest das linke Nasenloch und atmest dadurch wieder aus.
4. Anschließend atmest du erneut durch das linke Nasenloch ein und beginnst wieder von vorne.

Wiederhole diese Atmung fünfmal auf jeder Seite. Diese Übung wirkt ausgleichend, erhöht den Sauerstoffgehalt im Blut und sorgt damit für einen sofortigen Energieschub.[17]

Noch mehr Pranayama-Übungen findest du im Internet oder in Yoga-Büchern und -Magazinen. Wenn du dich intensiv mit deiner Atmung auseinandersetzen möchtest, empfehle ich dir, dich an ein Yogastudio in deiner Nähe zu wenden, welches Pranayama in der Yogapraxis einsetzt.

---

[17] https://www.yogaeasy.de/artikel/pranayama-die-yogischen-atemuebungen

Eine weitere Atemübung, die ich selbst regelmäßig anwende, ist die Wim-Hof-Atemmethode. Wim Hof ist ein niederländischer Extremsportler, welcher den Spitznamen „Iceman" erhalten hat, weil er dafür bekannt ist, sich extremer Kälte aussetzen zu können. Er hält verschiedene Weltrekorde, unter anderem für das längste Eisbad und bestieg zum Beispiel den Mount Everest bis knapp unter den Gipfel, sowie den Kilimanjaro, nur in Shorts bekleidet. Möglich macht dies sein jahrelanges Training und die Entwicklung und Anwendung der Wim-Hof-Methode, zu welcher neben den Atemtechniken auch noch andere Aspekte wie ein starkes Mindset und Kältetherapie gehören. Wim Hof ist überzeugt davon, dass diese Technik nicht nur Extremleistungen, wie er sie vollbringt, erlaubt, sondern auch viele positive Auswirkungen auf unsere Gesundheit hat. Zwei der wissenschaftlich nachgewiesenen Beispiele dafür sind die Stärkung des Immunsystems und die Steigerung des Energielevels. Im nächsten Abschnitt werden wir auch noch von der Möglichkeit der gezielten Nutzung von Kälte für die Energiegewinnung hören, in diesem Abschnitt sehen wir uns aber erst einmal die von Wim Hof entwickelte Atemtechnik genauer an.

Bei der Wim-Hof-Atemtechnik handelt es sich gewissermaßen um eine kontrollierte, leichte Hyperventilation. Es kann sein, dass dir beim Üben ein bisschen schwindlig wird oder du ein Kribbeln im ganzen Körper verspürst. In leichtem Ausmaß ist dies ganz normal. Daher solltest du diese Atemübung nur in einer sicheren Umgebung durchführen, beispielsweise sitzend auf der Couch und keinesfalls während du Auto fährst oder dich im Wasser befindest.

Du solltest niemals so lange den Atem anhalten, dass du das Bewusstsein verlierst! Achte auf deinen Körper, er zeigt dir, was in Ordnung ist und wo deine Grenzen sind.

1. Beginne die Übung, indem du 30x tief ein- und ausatmest. Achte darauf, dass du jedes Mal ein bisschen weniger tief ausatmest als du eingeatmet hast,

sodass immer ein wenig Restatem in deiner Lunge bleibt.

2. Nach dem 30. Atemzug atmest du tief aus und hältst anschließend die Luft so lange an, wie es dir möglich ist. Du wirst erstaunt sein, wie lange das ist! Du kannst im Kopf mitzählen oder die Zeit stoppen. Wenn du die Übung regelmäßig machst, wirst du außerdem feststellen, dass die Zeitspanne, in der du die Luft anhalten kannst, immer länger wird.
3. Wenn du merkst, dass du Sauerstoff benötigst, atmest du wieder tief ein. Nun kannst du auch versuchen, die Luft für ein paar Sekunden in deiner Lunge zu halten.
4. Anschließend atmest du wieder aus und beginnst die Übung von vorne. Idealerweise wiederholst du sie 1-5x – die Anzahl der Wiederholungen kannst du auch von Mal zu Mal steigern.[18]

Die intensive Versorgung mit Sauerstoff sorgt dafür, dass du dich sofort nach der Übung deutlich fitter und wacher fühlen wirst. Dabei dauert diese Übung keine drei Minuten – ist also perfekt geeignet dafür, sie einfach einmal zwischendurch zu machen. In der Zeit, in der du dir früher einen Kaffee gekocht hättest, hast du auch die Atemübung durchgeführt.

Kälteanwendungen

Eine weitere Möglichkeit, rasch dein Energielevel zu steigern, besteht darin, dich bewusst kurzzeitig Kälte auszusetzen. Jeder, der morgens schon einmal kalt geduscht hat, kann bestätigen: Kaum etwas macht so schnell so wach wie kaltes Wasser! Genau das kannst du dir zu Nutze machen, um dir einen kostenlosen und gesunden Energiekick zu verschaffen.

[18] https://cornelius-feist.com/holistic-health-blog/wim-hof-atemtechnik/

Kälteexposition ist ein zentraler Baustein der Wim-Hof-Methode, die ich bereits im letzten Abschnitt angesprochen habe. Dabei wird der Körper regelmäßig gezielt und auf kontrollierte Art und Weise Kälte ausgesetzt – beispielsweise durch eine kalte Dusche oder ein Eisbad. Dies hat nicht nur eine sofortige Steigerung der Energie zur Folge, sondern auch langfristig viele positive Auswirkungen auf deine Gesundheit. Beispielsweise stärkt es nachweislich dein Immunsystem, regt den Stoffwechsel an und wirkt entzündungshemmend und daher dem Alterungsprozess entgegen. Grund genug für uns Warmduscher, der Kälte einmal eine Chance zu geben, oder?

Wichtig ist dabei, dass du dich nicht sofort in das Loch im Eis am Nordpol stürzt, sondern dich langsam an Kälte gewöhnst. Für den Körper sind diese niedrigen Temperaturen nämlich erst einmal ein Schock. Ich empfehle dir mit der täglichen kalten Dusche zu beginnen. Der Vorteil ist, dass du diese ganz einfach zu Hause durchführen und die Kältestufe und -dauer beliebig steigern kannst. Anfangs stellst du den Wasserhahn nach dem Duschen einfach für ca. 30 Sekunden auf kalt. Halte den Wasserstrahl zuerst nicht an den Kopf, sondern beginne an Armen oder Beinen und arbeite dich langsam in Richtung Herz vor. Du wirst merken, dass schon eine halbe Minute kaltes Wasser am Ende deiner täglichen Dusche für einen Energiekick vollkommen ausreicht. Wenn du magst, kannst du die Dauer der kalten Dusche kontinuierlich steigern. Vielleicht wirst du irgendwann komplett auf eine warme Dusche verzichten und dich direkt unters kalte Wasser stellen?

Unterschätze aber nicht die Gefahr, die so ein Kälteschock für deinen Körper darstellen kann! Gerade zu einem Bad im Eis oder einem kalten See oder Fluss solltest du nie alleine aufbrechen, sondern immer jemanden mitnehmen. Außerdem ist es sehr wichtig, dass du auch hier auf deinen Körper hörst, da du dir, wenn du es übertreibst, leicht Erfrierungen oder eine Unterkühlung holen kannst.

Alles in allem sind Kälteanwendungen aber, wenn mit Vorsicht genossen und langsam gesteigert, eine wunderbare

Methode, dein Energielevel rasch auf natürliche Weise zu steigern. Und ein netter Nebeneffekt davon: Das kalte Duschen oder Eisbaden stärkt zusätzlich deine Disziplin. Denn wenn wir ehrlich sind duscht niemand gerne eiskalt. Wenn du es aber schaffst, dich jeden Tag oder zumindest ein- bis zweimal pro Woche dazu zu überwinden, stärkst du automatisch deine Willensstärke und Disziplin. So wird es dir auch leichter fallen, im „echten Leben" Dinge durchzuziehen, die auf den ersten Blick nicht angenehm erscheinen.

Auf deinen Geist und deine Seele achten

Nun haben wir uns ausführlich damit beschäftigt, wie du dein Energielevel erhöhen und dauerhaft auf einem hohen Niveau halten kannst, indem du auf deinen Körper achtest und natürliche Tricks wie deine Atmung oder Kälte einsetzt. Doch nicht nur unsere körperliche Fitness beeinflusst die Menge an Energie, die uns zur Verfügung steht: Ebenso wichtig ist die geistige beziehungsweise seelische Komponente. Dazu zählt, mit welchen Gedanken du dich tagtäglich beschäftigst, wie viele Pausen du dir im Alltag gönnst und wie du deine Freizeit verbringst. Denn auch das hat sowohl kurz- als auch langfristig starke Auswirkungen auf dein Energielevel. Im ersten Moment mag dir das vielleicht nicht so wichtig erscheinen, da dir ja die Umsetzung deiner Träume (hoffentlich) ebenfalls Spaß macht. Doch spätestens nach der Lektüre dieses Kapitels wird dir klar werden, wieso du für ein konstant hohes Energielevel nicht nur auf deinen Körper, sondern auch auf deinen Geist und deine Seele achten solltest.

Als erstes wenden wir uns einem Thema zu, das für die meisten von uns mit dem Verstand noch logisch nachvollziehbar ist: Der Tatsache, dass du dir regelmäßig eine Verschnaufpause gönnen sollst. Auch wenn wir wissen, dass niemand von uns auf Dauer sieben Tage die Woche durcharbeiten kann, verdrängen wir diese Tatsache oftmals, wenn wir voller Eifer damit beginnen, unsere Träume umzusetzen. Gerade wenn du neben deinem ursprünglichen

Beruf damit beginnst, dir etwas Neues aufzubauen, jedes Buch zu deinem Herzensthema, das du in die Finger bekommst, verschlingst und vielleicht sogar dein eigenes Projekt nebenberuflich umzusetzen beginnst, wirst du am Anfang total begeistert von der neuen Tätigkeit sein. Du wirst mit Leidenschaft jede freie Minute in dein Herzensprojekt stecken und dir dabei denken „Das ist ja eigentlich wie Freizeit für mich, so gerne mache ich das." Woher ich das so genau weiß? Ich war selbst viele Monate lang in dieser Situation. Doch ich verrate dir ein Geheimnis: Auch wenn du etwas umsetzt, das voll und ganz dein Ding ist, brauchst du hin und wieder eine Auszeit davon. Vielleicht glaubst du nicht, dass du jemals eine Auszeit von deinem Herzensprojekt brauchen wirst, aber auch – oder vor allem – wer eine Arbeit tut, die er liebt, kann diese nicht ohne Pause machen. Nicht umsonst heißt es in der Burnout-Lehre: „Nur wer einmal gebrannt hat, kann ausbrennen." Auch wenn du an der Umsetzung deiner Träume arbeitest und es dir Spaß macht, brauchst du irgendwann einen Ausgleich dazu. Jeder Sportler weiß, wie wichtig Sportpausen sind, damit sich seine Muskeln vom Training erholen können. Selbst der ehrgeizigste Hobbysportler kann und wird nicht sieben Tage die Woche trainieren. Genauso braucht auch dein Geist und deine Seele diese Pause vom Training beziehungsweise von der Umsetzung deiner Ideen. Gönn' dir bewusst regelmäßige Auszeiten. Triff dich mit Freunden, geh lecker essen, lies einen Roman, mach einen Spaziergang in der Sonne oder geh deinen Hobbies nach. Alles ist erlaubt, was dir guttut und nicht unmittelbar etwas mit der Erreichung deiner Ziele zu tun hat. Aber pass auf, dass deine Auszeiten nicht in einen Freizeitstress ausarten: Viele Menschen haben das Talent, jede Minute ihrer Freizeit erst recht wieder zu verplanen. Ganz egal ob Gartenparty, Tanzstunde oder Theaterprobe – sie schaffen sich einen regelrechten Terminkalender für ihre Auszeiten. Natürlich ist es wichtig, auch diesen Ausgleich zum Alltag zu haben. Mit den Erholungspausen für Geist und Seele haben diese aber wenig zu tun. Daher vergiss bei all dem Freizeitstress nicht, dir auch regelmäßig Zeit für dich selbst einzuplanen. Zeit, in der du einfach einmal nichts tust oder dich den Dingen hingibst, die deiner Seele guttun – sei es zu malen, zu singen, zu schreiben, Musik zu machen, zu meditieren oder einen langen Spaziergang in der freien Natur zu machen. Und genieße diese Zeit, ohne ständig auf die Uhr zu schielen oder ein schlechtes Gewissen zu haben, weil du die Zeit auch „sinnvoller" nutzen könntest. Wenn es dir gelingt wirklich abzuschalten, wirst du erstaunt sein, wie konzentriert du am nächsten Tag wieder an der Arbeit sitzt.

Neben regelmäßigen Auszeiten gibt es noch einen weiteren Aspekt, den du gezielt einsetzen kannst, um deine Energie zu erhöhen: Positive Gedanken und positive Sprache. Bereits im ersten Teil dieses Buches, sowie im zweiten Teil im Kapitel über das richtige Mindset und die Programmierung deines Unterbewusstseins, hast du gelernt, welche zentrale Rolle deine Gedanken und Worte bei der Realisierung deiner Träume spielen. An dieser Stelle sei erwähnt, dass deine (ausgesprochenen) Gedanken nicht nur auf lange Sicht einen Einfluss auf deine Realität haben, sondern sich auch unmittelbar auf deinen Energiezustand auswirken. Das kannst du ganz einfach mit einem kleinen Experiment ausprobieren. Stell dich vor den Spiegel, stelle eine Stoppuhr auf eine Minute und versuche, in dieser Zeit so viele negative Dinge wie möglich laut zu dir zu sagen. Beispiele dafür sind „Du siehst furchtbar aus", „Du schaffst auch wirklich gar nichts", „Niemand liebt dich" und so weiter. Die meisten von uns sind leider ziemlich gut darin, negative Dinge an sich selbst zu finden. Nach dieser Minute frage dich: Wie fühlst du dich? Wahrscheinlich nicht besonders gut, oder? Nun mache den Gegentest. Stelle wieder eine Stoppuhr und versuche diesmal eine Minute lang so viele nette Worte für dich zu finden wie möglich. „Du siehst wunderhübsch aus", „Das T-Shirt steht dir sehr gut", „Das hast du gut gemacht", „Du erreichst alles, was du möchtest" sind einige Beispiele dafür. Na, wie fühlst du dich nun? Besser? Stehst du aufrechter da? Hast du nun mehr Energie als zuvor?

Wenn du die Tatsache, dass dir Gedanken und Worte – nicht nur von fremden Personen, sondern auch deine eigenen – Energie rauben oder schenken können, einmal erkannt hast, wirst du in Zukunft noch achtsamer mit ihnen umgehen. Dann kannst du positive Worte und Gedanken auch gezielt dafür einsetzen, um dein Energielevel zu erhöhen. Wenn du diese Übung – natürlich nur mit den positiven Worten – jeden Morgen vor dem Spiegel wiederholst, wie viel energiegeladener, glaubst du, wirst du wohl in Zukunft in den Tag starten?

Biohacking

Wer sich intensiv damit auseinandersetzt, seine Energie im Alltag dauerhaft zu erhöhen, wird früher oder später auf das Konzept des Biohackings stoßen. Sieht man sich die Zusammensetzung des Wortes an, kann man relativ einfach ableiten, worum es dabei geht: Der erste Teil des Begriffs lautet „Bio", was sich aus dem altgriechischen Wort für „Leben" ableitet und sich auf unseren Körper bezieht. Der zweite Teil des Begriffes „Hacking" ist uns aus der Computerbranche bekannt, wo Hacker versuchen Sicherheitslücken in einem IT-System zu finden und sich dadurch in ein fremdes System „einhacken". Dafür müssen sie das System jedoch sehr gut verstehen. Bestimmt kennst du auch den englischen Begriff Lifehack. Damit wird ein Trick bezeichnet, mit dessen Hilfe man ein Problem auf schnelle und unkonventionelle Art lösen oder umgehen kann. Fügt man die Bedeutung der beiden Begriffe nun zusammen, bedeutet Biohacking, dass man das System seines Körpers und des Lebens allgemein zu verstehen und zu optimieren versucht. Ziel des Biohackings ist, dass man seinen eigenen Körper besser kennenlernt, dabei verschiedene Stellschrauben erkennt und an ihnen dreht, um das Beste aus seinem Körper rauszuholen, gesund und fit zu bleiben und noch mehr Energie zur Verfügung zu haben.

Dabei schließt Biohacking grob drei Bereiche ein: den Körper, unsere Nahrung und den Geist. Ersterer befasst sich mit unseren körperlichen Prozessen, welche versucht werden zu verstehen, um die eigene Leistungsfähigkeit zu steigern. Beim zweiten Bereich handelt es sich um das sogenannte Foodhacking. Dabei wird versucht, so viel wie möglich über die unterschiedlichen Nahrungsmittel zu lernen, um bewusst zu entscheiden, was man seinem Körper zuführen möchte. Dadurch möchte der Biohacker den für seinen Körper optimalen Treibstoff herausfinden und vermeiden, ihn durch falsche Ernährung zu schädigen. Der dritte Bereich, das Mindhacking, bezieht sich auf die geistige Komponente. Dabei geht es darum, das richtige Mindset zu entwickeln, schädliche Denk- und Verhaltensmuster abzulegen und seinen Geist so zu programmieren, dass er dabei hilft, seine Ziele zu erreichen.[19]

Beim Biohacking geht es vor allem darum, seinen eigenen Körper besser kennenzulernen und herauszufinden, was ihm guttut und was nicht. Und das kann von Mensch zu Mensch unterschiedlich sein. Der eine braucht vielleicht neun Stunden Schlaf, dem nächsten reichen sieben. Dein Nachbar hat vielleicht am meisten Energie, wenn er sich von Rohkost ernährt, dein Körper jedoch verträgt das nicht so gut. Daher ist es besonders wichtig, dass du nicht blind irgendwelchen Empfehlungen folgst, sondern immer beobachtest, wie du dich dabei fühlst. Biohacking ist ein stetiges Optimieren und Ausprobieren. Alles, was dazu beiträgt, dass du dich fitter und gesünder fühlst, darf bleiben, alles andere kann wieder verworfen werden. Es gibt kein allgemein gültiges Rezept für die optimale Leistungsfähigkeit – dies darf jeder Biohacker für sich selbst herausfinden.

Die Anzahl der Menschen, die sich im deutschsprachigen Raum Biohacker nennen, ist noch relativ klein. Viele der Strategien und Erkenntnisse des Biohackings sind allerdings nicht neu oder exklusive denjenigen vorbehalten, die sich so nennen. Denn eigentlich handelt es sich dabei ja nur um

---

[19] Robin Stolberg: Biohacking. Dein natürlicher Performance Guide für mehr Fokus Energie & Achtsamkeit

Strategien, die den eigenen Körper kurzzeitig oder langfristig leistungsfähiger machen. Im Grunde wussten schon unsere Urgroßeltern, wie sie ihren Körper behandeln mussten, damit er die tägliche harte Arbeit bestmöglich verrichten konnte – gewissermaßen waren also auch sie schon Biohacker. Tatsächlich hat jeder von uns schon einmal in der einen oder anderen Form Biohacking betrieben. Wenn du beispielsweise irgendwann einmal einen Raum gelüftet hast, um deine Konzentration zu steigern, hast du schon einen Biohack angewandt. Viele Strategien des Biohackings sind ganz einfach uraltes „Hausverstand"-Wissen, etwas aufgehübscht und mit einem neumodernen Begriff versehen.

Es gibt aber auch Biohacking-Methoden, welche moderne Technologien für die Leistungsoptimierung einsetzen. Ein Beispiel dafür sind Brillen, die durch Lichttherapie die Stimmung verbessern oder beim Einschlafen helfen sollen. Diese Biohacking Gadgets basieren auf den Erkenntnissen der modernen Wissenschaft, sind meist alles andere als billig und vor allem für diejenigen entwickelt, die keine Zeit und Lust haben, sich intensiv mit ihrem Körper und den natürlichen Möglichkeiten, ihre Leistungsfähigkeit zu optimieren, auseinanderzusetzen. Dabei kann man die meisten Effekte, die sie versprechen, auch ohne technische Hilfe hervorrufen – und das meistens sehr viel günstiger oder sogar gratis. Ein Spaziergang in der Sonne verbessert beispielsweise ebenfalls die Laune, genauso wie es bei Einschlafproblemen helfen kann, alle technischen Geräte, die durch ihr Blaulicht unsere innere Uhr stören, eine Stunde vor dem Schlafengehen nicht mehr zu benutzen. Das solltest du im Hinterkopf behalten, bevor du dich voller Begeisterung in die „neue" Welt des Biohackings stürzt. Prinzipiell aber finde ich es schön, dass sich immer mehr Menschen mit ihrem Körper und seinen Funktionen beschäftigen und versuchen, ihn bei seiner Arbeit zu unterstützen, statt ihn durch ungesunde Verhaltensweisen langfristig zu schädigen. Wenn du nicht blind irgendwelchen Strategien und Gadgets hinterherläufst, sondern wirklich auf deinen eigenen Körper hörst und auch einmal kritisch hinterfragst, ob das, was du liest und hörst, auch sinnvoll ist, steht deiner neuen Karriere als Biohacker nichts im Wege.

DANKBARKEIT

„Nicht die Glücklichen sind dankbar. Es sind die Dankbaren, die glücklich sind" – Francis Bacon

Du kennst nun eine Menge Tools, die dich in deinem Leben voranbringen werden. Vorausgesetzt, du nimmst dir die Tipps aus diesem Buch wirklich zu Herzen und integrierst die eine oder andere Technik, die ich dir hier vorgestellt habe, in dein Leben, dann wirst du der Verwirklichung deiner Träume – sei es beruflich oder privat – jeden Tag Stück für Stück näherkommen. Einen für ein erfolgreiches Leben ganz wesentlichen Aspekt habe ich mir jedoch bis zum Ende dieses Kapitels aufgespart. Bisher ging es das ganze Buch lang darum, wie du die Lebensbereiche, mit denen du aktuell unzufrieden bist, verändern kannst. Wir haben uns erst darauf konzentriert, das ausfindig zu machen, was dich zurückhält und uns damit beschäftigt, was dich voranbringt. Dabei haben wir in den Fokus gerückt, was dir in deinem Leben bisher fehlt und was du gerne verändern möchtest. Was wir bis jetzt aber bewusst außen vorgelassen haben, sind die Bereiche deines Lebens, mit denen du zufrieden bist.

Es liegt in der Natur des Menschen, dass wir uns gerne darauf konzentrieren, was nicht so gut läuft und was wir gerne verändern möchten. Dabei blenden wir die Dinge, die gut laufen und für die andere Menschen so einiges geben würden, gerne aus. Das muss nicht unbedingt schlecht sein: Schon Oscar Wilde hat gesagt *„Unzufriedenheit ist der erste Schritt zum*

Erfolg.“ Wenn wir immer alles in unserem Leben als in Ordnung, so wie es ist, hinnehmen würden, dann würden wir uns wohl kaum um irgendetwas bemühen, sondern eine sehr passive Grundhaltung einnehmen. Dann empfänden wir es nicht als notwendig, uns anzustrengen, um etwas zu erreichen, und wir würden nie wissen, was wir alles im Leben erreichen könnten. Es würde viel Potential, das in uns steckt und das wir erst freisetzen, wenn es darauf ankommt, für immer in uns verborgen bleiben und nie mit anderen Menschen geteilt werden – was sehr schade wäre, oder? Daher ist ein gewisses Streben nach mehr im Leben meiner Meinung nach nicht verkehrt, sondern, im Gegenteil, sogar sehr gesund. Gleichzeitig aber dürfen wir dabei nicht auf eine wichtige Sache vergessen: Dankbar zu sein dafür, was bereits ist. Denn egal wie weit dein definiertes Traumleben von deinen jetzigen Lebensumständen entfernt ist – es gibt immer etwas, wofür du jetzt schon dankbar sein kannst und sollst. Oftmals sind es die Dinge, die wir für ganz selbstverständlich halten, um die uns andere Menschen beneiden und die wir erst zu schätzen wissen, wenn wir sie verlieren: Sei es unsere Gesundheit, eine Person, die uns liebt, oder einfach nur, dass wir in einem sicheren Land leben, ein Dach über dem Kopf und Essen auf dem Tisch haben.

Dankbarkeit ist ein ganz essentieller Erfolgsfaktor auf deinem Weg dazu, deine Träume zu verwirklichen. Erinnere dich daran, dass deine Gedanken deine Realität bestimmen. Je mehr positive Gedanken du hast, desto mehr positive Dinge werden in deinem Leben passieren. Neben dem Gefühl von Liebe ist das Gefühl von Dankbarkeit wohl eines der positivsten Gefühle, die ein Mensch verspüren kann. Wieso also sollten wir dieses einfache und kostenlose Tool zur Erreichung unserer Träume, welches ganz nebenbei auch bewirkt, dass wir uns unmittelbar gut fühlen, nicht nutzen?

Mach es dir zur Gewohnheit, dir täglich vor Augen zu führen, wofür du dankbar sein kannst. Das können ganz banale Dinge sein wie das leckere Mittagessen, das du dir gerade gemacht hast, oder auch Personen und komplexere Dinge,

Situationen und Erfolge, auf die du lange Zeit hingearbeitet hast. Bau' diese kleine Dankbarkeitsübung am besten in dein Morgenritual, wenn du eines hast, ein. Wenn du ein Tagebuch führst, kannst du dir täglich vornehmen mindestens fünf Dinge aufzuschreiben, für die du gerade dankbar bist. Natürlich kannst du auch einfach einen Zettel dafür zur Hand nehmen oder direkt ein eigenes Dankbarkeitstagebuch anfangen. Wenn du meditierst, dann nimm doch diese Übung in deine Meditation auf. Wenn du täglich zur Arbeit pendelst, kannst du jedes Mal, wenn du in den Bus oder die Bahn steigst, fünf Sachen im Kopf aufzählen, für die du dankbar bist. Oder du machst es dir zur Gewohnheit, anstatt des Tischgebetes, das vielleicht in deiner Familie, (sollten deine Eltern gläubig gewesen sein) Gang und Gebe war, kurz innezuhalten und dir fünf Sachen in Erinnerung zu rufen, für die du dankbar sein kannst. Schon nach wenigen Tagen wirst du merken: Diese kleine Übung, die täglich nur wenige Minuten deiner Zeit in Anspruch nimmt, hat eine große Auswirkung auf deinen Gefühlszustand. Dadurch, dass du den Fokus einen Moment lang auf das legst, was du bereits erreicht hast oder was besonders schön ist in deinem Leben, hebt sich deine Stimmung automatisch. Denn Dankbarkeit lässt keinen Raum für negative Gefühle wie Unzufriedenheit, Wut oder Ärger. Gleichzeitig wirkt Dankbarkeit wie ein Magnet, um noch mehr schöne Dinge in dein Leben zu ziehen. Daher also mein allerletzter Tipp an dich: Erlaube dir groß zu träumen und arbeite jeden Tag daran, noch besser zu werden und einen Schritt näher an deine Ziele zu kommen. Gleichzeitig aber erinnere dich täglich daran, was für ein wundervolles Leben du eigentlich hast und sei dankbar dafür, dass du auf der Welt bist. Das alleine ist bereits ein großes Geschenk.

Im Internet kursiert folgender Text, der mich sehr zum Nachdenken angeregt hat. Vielleicht sollte man die Zahlen nicht unbedingt für bare Münze halten – ich habe sie nicht überprüft, doch auch wenn sie nicht auf die Ziffer genau stimmen sollten, bleibt die Kernaussage die gleiche:

"Wenn du Essen im Kühlschrank, ein Dach über dem Kopf und ein Bett hast, bist du reicher als 75 % dieser Welt.

Wenn du ein eigenes Konto bei einer Bank hast, gehörst du zu den 8 % der Reichen dieser Welt.

Wenn du mehr als 100 g Reis pro Tag essen kannst, kannst du mehr essen als 1/3 der Weltbevölkerung. Wenn du heute Morgen gesund aufgewacht bist, geht es dir besser als der einen Million Menschen, die diese Woche nicht überleben werden.

Wenn du zur Schule gehst/gegangen bist, kannst du froh sein, denn 121 Millionen Kinder haben nicht die Chance, zu lernen.

Wenn du nie die Gefahr eines Krieges, die Einsamkeit einer Gefangenschaft, den Schmerz von Folterung oder das Elend von Hunger erlebt hast, geht es dir besser als 500 Millionen anderer Menschen dieser Erde.

Wenn du an einer öffentlichen religiösen Veranstaltung teilnehmen kannst/könntest, ohne die Gefahr, bedroht, verhaftet oder getötet zu werden, bist du besser dran als 3 Milliarden andere Menschen.

Wenn du immer frisches Trinkwasser zur Verfügung hast, geht es dir besser als 1 Milliarde Menschen in den Entwicklungsländern.

Wenn du diese Zeilen lesen kannst, kannst du dich glücklich schätzen, denn über 2 Milliarden Menschen können es nicht."[20]

---

[20] https://www.onelife-liveit.de/2018/10/10/du-geh%C3%B6rst-zu-den-reichen-der-welt/

PART III - IN DIE UMSETZUNG KOMMEN

Jetzt wird es ernst. Bisher konntest du dich vom Inhalt dieses Buches berieseln lassen, während du bequem auf deinem Sofa, im Park oder wo auch immer lagst. Doch nun ist es an der Zeit, aktiv zu werden: Jetzt geht es darum, in die Umsetzung zu kommen. Denn all die guten Tipps, die du in diesem Buch bekommen hast, nützen dir nichts, wenn du sie nicht umsetzt. Ich beobachte immer wieder, dass Leute, wenn sie erst einmal für das Thema Persönlichkeitsentwicklung begeistert wurden, alles verschlingen, was sie in die Finger bekommen: Podcasts, Bücher, Seminare … Irgendwann merken sie dann: Die Themen wiederholen sich. Dann beginnen sie auszusortieren, weil sie ja „eh schon alles wissen" was die Person in ihren Podcastepisoden, Videos oder Büchern sagt. Ich stelle den Menschen dann immer folgende Frage: Mag sein, dass du schon alles weißt – aber machst du es denn auch?

Es ist leicht, etwas theoretisch zu wissen und verstanden zu haben – etwas ganz anderes ist es aber, es tatsächlich umzusetzen. Doch genau darum geht es schlussendlich: Das, was du lernst, in den Leben zu integrieren und die Methoden anzuwenden, um konkret etwas zu verändern. Daher werden wir uns in diesem Kapitel anschauen, wie du in die Umsetzung kommst. Ich gebe dir Tipps dafür, wie du effizient arbeitest, beispielsweise mit der Hilfe von To-Do-Listen oder der Pomodoro-Technik. Außerdem verrate ich dir zwei Tricks, wie du es schaffst, langfristig dabeizubleiben und Durchhaltevermögen zu beweisen.

HANDELN STATT DENKEN

„Erfolgreiche Menschen handeln. Erfolglose reden darüber, handeln zu wollen" – Dale Carnegie

Der erste Tipp, um endlich in die Umsetzung zu kommen, ist ebenso simpel wie schwierig umzusetzen, weil wir uns dabei selbst gerne im Weg stehen: Alles, was du tun musst, ist weniger denken, mehr machen. Genau darin liegt aber das Problem: Die meisten Leute – mich eingeschlossen – zermartern sich das Hirn vor jeder einzelnen Entscheidung, vor allem wenn es um wichtige Entscheidungen geht, wie es bei Veränderungen ja fast immer der Fall ist. Sie wägen ab, was die Vor- und Nachteile der einzelnen Möglichkeiten sind, überlegen hin und her und verschwenden viel zu viel Zeit damit, über ihre Möglichkeiten und Entscheidungen nachzudenken. Zeit, die besser in etwas anderes investiert wäre: Nämlich in die Umsetzung.

Lass mich dir ein Geheimnis verraten: Egal, wie viel du nachdenkst – du wirst nie wissen, was das Beste für dich ist oder ob etwas so funktioniert, wie du dir das vorstellst – bevor du es nicht ausprobiert hast. Das liegt daran, dass wir ganz einfach nicht in die Zukunft blicken können. Niemand kann wissen, was sich in deinem Leben verändern wird, sobald du dich für oder gegen etwas entscheidest. Der einzige Weg, das herauszufinden, ist die Entscheidung zu treffen und es einfach auf die eine oder andere Weise zu versuchen. Außerdem ergeben sich, wenn wir erst einmal eine Entscheidung getroffen haben und in die Richtung losgelaufen sind, oft neue Wege und Möglichkeiten, welche wir davor gar nicht sehen konnten. Du kannst dir das wie bei einem Weg vorstellen, der im dichten Nebel versteckt ist: Du weißt, dass dort ein Weg ist, der dich an ein Ziel bringt, aber du siehst nur den Anfang des Weges – auf den Rest versperrt dir der Nebel die Sicht. Würdest du den Weg trotzdem gehen? Natürlich! Denn du weißt: Immer, wenn du ein paar Meter zurückgelegt hast, siehst du wieder ein Stück weiter. Genauso verhält es sich auch im übertragenen Sinne auf deinem Lebensweg. Du musst dir nicht heute schon den Kopf darüber zerbrechen, wie der Weg in drei oder fünf Jahren aussieht. Viel wichtiger ist, dass du das Stück des Weges, das du im Moment sehen kannst, schon jetzt gehst. Du wirst erstaunt sein, welche Überraschungen hinter der nächsten Kurve auf dich warten! Doch wenn du jetzt nicht losgehst, kommst du nie an die Kurve und hast nicht die Chance, diese Überraschungen überhaupt zu entdecken. Also hör auf, so viel über etwas nachzudenken, was du ohnehin nicht zu 100% wissen kannst, bevor es eintritt, und fang endlich damit an, ins Handeln zu kommen.

EFFIZIENT ARBEITEN

„Effizienz ist keine Frage der Zeit. Nur Dummköpfe machen regelmäßig Überstunden" – Lee Iacocca

Kennst du den Unterschied zwischen effektiv und effizient arbeiten? Effektiv bedeutet, dass das gewünschte Ziel erreicht wird – du deine Arbeit also erfolgreich erledigst. Effizient hast du dann gearbeitet, wenn du etwas mit möglichst wenig Aufwand schaffst, also wenig Zeit und Energie dafür aufwenden musstest. Als ich zum Beispiel mein Auslandssemester in Hongkong absolviert habe, durfte ich feststellen, dass viele Chinesen, die ich dort kennengelernt habe, zwar sehr fleißige Studenten waren, aber nicht besonders effizient gelernt haben: Vor einer Klausur verbrachten einige von ihnen, ohne Übertreibung, die ganze Nacht in der Bibliothek und versuchten, den Inhalt der Bücher in den Kopf zu bekommen. Zwischendurch legten sie ein kurzes Nickerchen auf ihrem Stuhl ein, nur um nach ungefähr zwanzig Minuten wieder weiterzulernen. Am nächsten Morgen gingen sie dann völlig übermüdet in die Klausur. Ich jedoch verbrachte viel weniger Stunden in der Bibliothek mit Lernen, behaupte jedoch, dass ich am Ende genau so viel aus dem Buch in meinem Kopf hatte wie sie. Der Grund dafür: Ich habe effizienter gelernt. Niemand von uns kann stundenlang durchlernen – irgendwann erreichen wir ganz natürlich die Grenze unserer Konzentration und brauchen eine Pause.

Während ich das eingesehen habe und, sobald ich die Grenze erreicht hatte, lieber nach Hause ging, um ein paar Stunden Schlaf zu bekommen, haben meine Kommilitonen diese Grenze ignoriert und weiterhin stundenlang in ihre Bücher gestarrt, ohne jedoch wirklich noch etwas aufzunehmen. So haben sie viel mehr Zeit in der Bibliothek verbracht, am Ende aber nicht wirklich mehr gewusst als ich. Wir alle haben effektiv gearbeitet und die Klausuren am Ende bestanden – doch meine Methode war effizienter.

Nach diesem Beispiel wird dir hoffentlich klar sein: Dein Ziel ist es, möglichst effizient zu arbeiten. Denn je weniger Zeit und Energie du für den erfolgreichen Abschluss eines Projekts benötigst, umso mehr bleibt davon für andere Projekte übrig – sodass du am Ende noch mehr erreichen und möglichst viele erfolgreiche Projekte umsetzen kannst, oder auch einfach mehr Zeit für Freizeitaktivitäten und deine Familie oder Freunde zur Verfügung hast. Ganz nach dem Motto: Work smart, not hard.

Um deine Effizienz zu steigern und so viel wie möglich aus der Zeit zu machen, die du mit Arbeit verbringst, gibt es verschiedene Methoden und Tricks. Zwei davon möchte ich dir im folgenden Abschnitt vorstellen.

Prioritätenliste

Die Prioritätenliste ist eine meiner absoluten Lieblingsmethoden, um produktiv und effizient zu arbeiten. Auch, wenn ich ansonsten eher der kreative Mensch anstatt der große Planer bin, liebe ich es, Listen zu erstellen. Egal ob es Ideen sind, welche mir im Kopf herumspuken, meine täglichen To-Dos oder organisatorische Dinge, die man ja bekanntlich ganz gerne vor sich herschiebt: Ich habe für alles irgendwo in meinem Handy oder Notizbuch eine Liste. Listen beruhigen mich. An Tagen, an denen ich gestresst bin und am liebsten mal wieder alles auf einmal machen würde, helfen mir Listen den Kopf freizukriegen: Sobald ich etwas niedergeschrieben habe, habe ich das Gefühl, es nicht mehr vergessen zu können, und kann daher aufhören pausenlos daran zu denken.

Allerdings gibt es auch ein Problem mit Listen, das wohl jeder kennt, der schon einmal eine To-Do-Liste geschrieben hat: Meistens packen wir so viele Dinge auf unsere Liste, dass wir es nicht schaffen, alle zu erledigen. Zwangsläufig beginnen wir dann, die unbeliebtesten oder unwichtigsten Punkte auf der Liste von einem Tag auf den nächsten zu verschieben – und schließlich von Woche zu Woche. Das ist allerdings alles andere als effizient, vor allem aus folgendem Grund: Die Zeit, die du damit verbringst, Listen zu schreiben und Dinge von Liste zu Liste zu schieben, könntest du sinnvoller verbringen, zum Beispiel damit tatsächlich die Dinge auf der Liste umzusetzen. Außerdem passiert es mir immer wieder, dass ich mir stets die leicht zu erledigenden Aufgaben, die auch noch am meisten Spaß machen, aus meiner To-Do-Liste rauspicke. Wenn ich diese dann umgesetzt habe und abhaken kann, habe ich das Gefühl, total viel geschafft zu haben – in Wahrheit aber stehen die wirklich wichtigen Dinge, vor denen ich mich gerne zu drücken versuche, immer noch auf der Liste.

Daher bin ich irgendwann dazu übergegangen, Prioritätenlisten statt To-Do-Listen zu schreiben. Wenn du, so wie ich, bereits verschiedene To-Do-Listen hast, nimmst du diese zur Hand und überlegst dir: Welche drei Tätigkeiten, die darauf stehen, bringen dich aktuell am meisten weiter, wenn es darum geht, deine Ziele zu erreichen? Nur so als Hinweis am Rande: Oftmals sind das genau die Tätigkeiten, auf die wir im Moment am wenigsten Lust haben. Auch wenn du noch keine To-Do-Liste hast, kannst du diese Übung natürlich machen – du musst dann nur ein bisschen länger überlegen. Sobald du deine Prioritäten-To-Dos festgelegt hast, machst du dich daran, diese abzuarbeiten.

Da nicht jedes To-Do gleichlange dauert und man manche davon vielleicht gar nicht an einem Tag erledigen kann, erstelle ich diese Prioritätenliste jeweils am Monats- und Wochenanfang sowie täglich am Morgen. Auf die Monatsliste kommen ein bis drei Dinge, welche ich in diesem Monat unbedingt erledigt haben möchte. Auf der Wochenliste breche ich diese drei Dinge dann in kleinere Prioritäten runter, welche ich Woche für Woche erreichen kann. Auf die Tagesliste kommen dann kleine Aufgaben, die mir in Summe dabei helfen, meine Wochen- und abschließend meine Monatsprioritäten zu erreichen. Als ich zum Beispiel bereits in der Endphase dieses Buches war, lautete meine Priorität für den Monat „Buch fertigschreiben." Als Wochen To-Dos habe ich mir jeweils ein bis drei Kapitel vorgenommen. Meine tägliche Aufgabe war dann immer morgens drei Stunden lang zu schreiben.

Eine sehr ähnliche Methode wie die Prioritäten-Liste ist übrigens die „Eat that frog!"-Technik, welche der Managementforscher Brian Tracy erfunden hat: Ziel ist es, jeden Tag – oder am besten schon am Vorabend für den Tag – die Aufgabe zu definieren, die am unangenehmsten ist und die du daher gerne vor dir herschiebst, und sie dann direkt nach dem Aufstehen als allererstes zu erledigen. Wenn wir diesen „Frosch" dann erst einmal „geschluckt" haben, haben wir die erste produktive Sache des Tages schon erledigt – egal, was uns später noch so dazwischenkommen und ablenken mag.[21]

Pomodoro-Technik

Weil wir gerade von Ablenkungen gesprochen haben... Wer kennt das nicht: Da setzt du dich an den Schreibtisch, klappst den Laptop auf und bist hochmotiviert, heute etwas zu schaffen. Nach zehn Minuten harter Arbeit findest du dann: Jetzt hast du dir aber eine kleine Social-Media-Pause verdient. Also Handy zur Hand nehmen, Instagram öffnen und – zack – eine Stunde rum. Oder aber du gehst in die Küche, um dir einen Kaffee zu machen. Dabei fällt dir auf: Huch, hier gehört aber auch mal wieder dringend aufgeräumt... Eine halbe Stunde später glänzt zwar die Küche, aber deine Arbeit liegt immer noch unberührt am Schreibtisch.

---

[21] https://www.studienstrategie.de/zeitmanagement/eat-that-frog-zeitmanagement-guter-start-in-den-tag/

Gerade zu Hause und im Internet gibt es so viele Ablenkungen, die versuchen uns von dem, was wir uns eigentlich vorgenommen haben, abzuhalten. Da ist es fast schon eine Kunst, nicht den Fokus zu verlieren. Eine Methode, die dir dabei helfen kann, ist die Pomodoro-Technik. Sie wurde vom Italiener Francesco Cirillo entwickelt und nach der Pomodoro-Tomate benannt, weil er für die Durchführung eine Eieruhr in Form einer Tomate benutzte.[22] Bei dieser Technik wird die Zeit, in der du produktiv arbeitest, in vier Intervalle von jeweils 25 Minuten eingeteilt. Zwischen diesen Intervallen gibt es fünf Minuten Pause, nach vier Intervallen hast du dir ganze 30 Minuten Pause verdient. Um die Intervalle und Pausen einzuhalten, stellst du dir einen Wecker. Dafür kannst du die klassische Eieruhr verwenden, was natürlich sehr zu empfehlen ist, da somit die gefährliche Ablenkung deines Smartphones in den Pausen wegfällt. Wer keine Eieruhr hat und sich auch keine zulegen möchte, kann natürlich trotzdem die Stoppuhr-Funktion seines Smartphones verwenden oder sich eine eigene App runterladen, welche das Setzen von Intervallen unterstützt.

Ziel der Pomodoro-Technik ist es, die 4 x 25 Minuten ablenkungsfrei und vollkommen konzentriert durchzuarbeiten. Konzentriert deshalb, weil 25 Minuten kurz genug sind, um unsere Aufmerksamkeitsspanne zu erhalten. Die fünf Minuten anschließend sind perfekt, um für einen Moment lang die Gedanken schweifen zu lassen und anschließend wieder vollkommen konzentriert durchzustarten. Außerdem wird dadurch dem Faultier in unserem Kopf, das ständig versucht uns von der Arbeit abzuhalten, keine Chance mehr gegeben: Was es auch sei, das du meinst, du müsstest unbedingt jetzt sofort noch erledigen, sobald du dich an den Schreibtisch gesetzt hast, bevor du zu arbeiten beginnen kannst – nichts ist so dringend, dass es keine 25 Minuten warten kann. Du musst zur Toilette? Kannst du in den fünf Minuten Pause machen. Du brauchst dringend ein Glas Wasser? Das kann

---

[22] https://karrierebibel.de/pomodoro-technik/

ebenfalls bis zur Pause warten. Und Social-Media-Ablenkungen haben sowieso keine Chance, da dein Smartphone idealerweise im Flugmodus ganz weit weg liegt und Seiten wie Facebook am Laptop natürlich tabu sind.

DURCHHALTEVERMÖGEN

„Beharrlichkeit ist die geheime Stärke der Erfolgreichen" – Napoleon Hill

Wenn du es dann geschafft hast, in die Umsetzung zu kommen, wartet die nächste Herausforderung auf dich: Dranzubleiben. Wir alle kennen das: Da nehmen wir uns vor, ab sofort nur noch gesund zu essen, dreimal die Woche Sport zu machen, täglich eine halbe Stunde zu meditieren und am Wochenende an unseren Projekten zu arbeiten anstatt feiern zu gehen … Doch nach wenigen Tagen bis Wochen sind diese guten Vorsätze längst in Vergessenheit geraten.

Mache doch einmal testweise eine Umfrage in deinem Freundeskreis, wie viele Leute schon einmal eine Diät probiert haben – und dann frage nach, wie viele von ihnen sie tatsächlich durchgezogen haben. Dabei wirst du höchstwahrscheinlich feststellen, dass diese beiden Zahlen weit auseinanderklaffen. Der Grund ist folgender: Wenn wir uns etwas vornehmen und Neues ausprobieren, sind wir am Anfang meist topmotiviert. Doch mit der Zeit nimmt diese Motivation ab. Der Alltag kommt uns dazwischen, andere Dinge geraten wieder in den Vordergrund oder wir fallen ganz einfach in alte Verhaltensmuster zurück.

Wer jedoch bei der erstbesten Gelegenheit wieder aufgibt und nicht konsequent ist, der wird es nie schaffen, seine hochgesteckten Ziele zu erreichen. Denn wer groß träumt und seine Träume zur Realität machen möchte, der braucht vor allem eins: Durchhaltevermögen. Im Folgenden erfährst du zwei meiner Tricks, die mir dabei helfen, an der Umsetzung meiner Ziele dranzubleiben.

Routinen

Etwas, das mir sehr dabei hilft, durchzuhalten, sind Routinen. Tatsächlich habe ich das aber ausgerechnet erst dann festgestellt, als ich bereits begonnen hatte, den digitalen Nomaden-Lifestyle zu leben – also keine feste Wohnung mehr hatte und alle paar Wochen an einen neuen Ort gereist bin. So sehr ich es auch liebe, online mein Geld zu verdienen und damit das Reisen mit der Arbeit zu verbinden – es kostet auch ganz schön viel Energie, sich ständig an einem neuen Ort zurechtfinden zu müssen. Gerade während der Phasen, in denen ich oft den Ort gewechselt habe und alle paar Tage weitergezogen bin, habe ich gemerkt, dass ich weniger produktiv arbeite. Kein Wunder: Jedes Mal, wenn ich irgendwo angekommen bin, muss ich erst einmal eine Wohnung finden, meinen Rucksack auspacken, mich in der Nachbarschaft orientieren und zum Beispiel herausfinden, wo ich Lebensmittel und Wasser kaufen kann und was es so für Freizeit- und Sportmöglichkeiten in der Umgebung gibt. Außerdem muss ich eine SIM Karte für Datenvolumen kaufen, nette Cafés oder Co-Working-Spaces ausfindig machen – und vieles mehr. Das raubt natürlich Zeit und Energie – die ich lieber in meine Projekte gesteckt hätte. Irgendwann habe ich dann festgestellt: Je länger ich an einem Ort bleibe, umso produktiver werde ich. Nach wenigen Tagen bis Wochen weiß ich, wo ich morgens meinen frisch gepressten Saft bekomme, wo ich hingehen kann, wenn ich gutes Internet und eine ruhige Umgebung brauche und wo ich in der Mittagspause etwas Gesundes und Günstiges zu essen bekomme. Ich entwickle eine Art Routine, wodurch ich nicht mehr so viel Energie und Zeit dafür aufwenden muss, die alltäglichen Dinge zu erledigen und mich wieder stärker auf meine Arbeit konzentrieren kann.

Doch auch wenn du keinen digitalen Nomadenlifestyle lebst, kann eine Routine dir dabei helfen, an deinen eigenen Projekten dranzubleiben. Vor allem wenn du bisher erst nebenbei an deinen Ideen und Träumen arbeitest und auch einen „ganz normalen" Job hast oder noch studierst, ist es notwendig, dass du die Arbeit an deinen Herzensprojekten fest in deinen Alltag integrierst. Ansonsten besteht die Gefahr, dass diese neben all den anderen Dingen, die du täglich zu erledigen hast, an Bedeutung verlieren und in den Hintergrund geraten. Da unsere Herzensprojekte meist keine wirklichen Deadlines haben, ist diese Gefahr umso größer. Ich kenne das selbst nur zu gut: Ich hatte die Idee zu diesem Buch bereits seit über einem Jahr in meinem Kopf, bevor ich dann ernsthaft begonnen habe Kapitel um Kapitel runterzuschreiben. Tatsächlich stand sogar das Konzept dafür ziemlich früh. Das Problem war nur: Ich nahm mir einfach nicht die Zeit, das Buch zu schreiben! Jedes Mal, wenn ich meinen Laptop aufklappte und mit dem Gedanken spielte, weiterzuschreiben, checkte ich zuvor meine E-Mails und begann damit, diese abzuarbeiten. In meinem Kopf war die Arbeit für Kunden einfach wichtiger, da diese ja auf eine Antwort warteten – von meinem geplanten Buch jedoch wusste niemand, weshalb auch niemand darauf warten konnte. So kam es, dass meine komplette Arbeitszeit ständig mit der Arbeit für Kunden oder für meinen Blog und Podcast ausgefüllt war. Erst, als ich begonnen habe das Schreiben auf meine Prioritätenliste zu setzen und in meine tägliche Routine zu integrieren, kam ich endlich mit dem Buch voran: Das erste, was ich jeden Morgen machte, nachdem ich mich an meinen Schreibtisch gesetzt und den Laptop hochgefahren hatte, war für mindestens eine Stunde an meinem Buch zu schreiben. Irgendwann wurde das zur Gewohnheit, sodass es mir direkt seltsam vorkam, nicht mit dem Schreiben am Buch in den Tag zu starten.

Wir halten also fest: Um endlich in die Umsetzung zu kommen und an deinen Projekten dranzubleiben, können Routinen sehr hilfreich sein. Am besten setzt du dir feste Zeiten, zu denen du an deinen Projekten arbeitest. Idealerweise täglich – und wenn es nur zehn Minuten sind. Zu welcher Tageszeit du das machst, bleibt dir überlassen. Manche Menschen bevorzugen es, täglich etwas früher aufzustehen, um bereits ihr Projekt „erledigt“ zu haben, bevor all die anderen Dinge des Alltags hereinkommen. Totale Morgenmuffel bleiben vielleicht abends lieber etwas länger auf. Welche Zeit auch immer du wählst – versprich dir selbst, diese Routine einzuhalten, egal was passiert. So wird es irgendwann zur Gewohnheit, regelmäßig an deinem Projekt zu arbeiten, und du kommst nicht so schnell in Versuchung, es schleifenzulassen, wenn wieder stressigere Zeiten kommen, in denen auch noch viele andere Dinge deine Aufmerksamkeit suchen.

An dieser Stelle möchte ich auch kurz die Morgenroutine erwähnen. Vielleicht hast du schon einmal davon gehört – seit sich in den letzten Jahren immer mehr erfolgreiche Menschen dazu bekennen, dass sie eine Morgenroutine haben, scheint das Thema in aller Munde zu sein. Dabei handelt es sich ganz einfach um eine Abfolge von gewissen Tätigkeiten, die man routinemäßig jeden Morgen direkt nach dem Aufwachen durchgeht. Streng genommen hat also jeder Mensch, der morgens duscht, sich anzieht, frühstückt, einen Kaffee trinkt und Zähne putzt, bereits eine Routine. Wenn im Kontext der Persönlichkeitsentwicklung von Morgenroutine gesprochen wird, ist aber eher die Rede von zusätzlichen Tätigkeiten wie meditieren, Tagebuch schreiben, Yoga machen oder ein gutes Buch lesen. Der Gedanke dahinter ist: Durch die Art und Weise, wie du morgens in den Tag startest, kannst du wesentlich mitbestimmen, wie sich dein Tag entwickelt. Wenn du halbtot aufwachst, den Wecker fünfmal auf Snooze drückst und anschließend gehetzt aus der Wohnung rennst, um nicht zu spät zur Arbeit zu kommen, beginnt dein Tag bereits mit Stress. Ebenfalls nicht die beste Gewohnheit ist es, morgens noch im Bett dein Smartphone einzuschalten und deine Nachrichten sowie Social Media zu checken: Abgesehen davon, dass das auch zu innerem Stress führt, richten wir dadurch den Blick direkt auf das, was von außen kommt und reagieren darauf, anstatt aktiv festzulegen, worauf wir uns heute fokussieren möchten. Ziel einer Morgenroutine ist es, diesen schlechten Gewohnheiten den Riegel vorzuschieben und auf die Art und Weise deinen Tag zu beginnen, wie es sich für dich gut und richtig anfühlt. Ein essentieller Punkt dabei ist, dass du etwas früher als bisher aufstehst und dir bewusst Zeit für dich selbst und das, was dir morgens guttut, nimmst. Das kann ein paar Minuten leichtes Stretching oder Yoga sein, das dir dabei hilft, deinen Körper aufzuwecken, eine kleine Teezeremonie, zehn Minuten aufzuschreiben, wofür du gerade ganz besonders dankbar bist oder was du heute erreichen möchtest, eine kurze Meditation, oder etwas ganz anderes. Alles, wonach dir gerade der Sinn steht, ist erlaubt – Hauptsache, deine eigenen Bedürfnisse und dein Inneres stehen dabei im Vordergrund.

Wie lange deine Morgenroutine dauert und ob du jeden Tag das Gleiche machst oder die Tätigkeiten variierst, bleibt dir überlassen. Manche Menschen übertreiben es meiner Meinung nach ein wenig mit ihrer Morgenroutine und können inzwischen kaum noch aus dem Haus gehen, bevor sie nicht mindestens eineinhalb Stunden ihre Routine durchgezogen haben. Meine persönliche Morgenroutine dauert ungefähr 40 Minuten und besteht immer aus dem, worauf ich gerade Lust habe. Meist gehört dazu Meditation und Musik hören, manchmal lese ich auch in einem Buch, führe Tagebuch oder schreibe meine Ziele für den Tag, das Monat und das Jahr auf und visualisiere sie. Nach diesen 40 Minuten, die ganz alleine mir selbst gehören, bin ich bereit für all das, was der Tag so bringen mag: Ich bin ganz bei mir, habe mein Energielevel bereits deutlich angehoben und habe ganz klar vor Augen, was ich in meinem Leben erreichen möchte und worauf ich mich deshalb heute konzentrieren werde. Dadurch, dass ich mich durch die Meditation und regelmäßige Visualisierung immer wieder neu ausrichte, stärke ich auch mein Durchhaltevermögen: Ich weiß, wozu ich all das mache und warum es sich lohnt, dranzubleiben – auch wenn ich einmal wenig Zeit oder Lust dazu habe.

Mastermind

Ein weiterer Trick, der sich für mich bewährt hat, um meine Projekte durchzuziehen, auch über längere Zeit Durchhaltevermögen zu beweisen und nicht bei den ersten Schwierigkeiten alles hinzuwerfen, ist: Teil einer Mastermind-Gruppe zu sein. Ich habe diesen Begriff und das Konzept bereits in Teil II, im Kapitel über das richtige Umfeld, genauer erklärt. Zur Erinnerung: Bei einer Mastermind-Gruppe handelt es sich um eine Gruppe von Gleichgesinnten, die sich regelmäßig über ihre Ziele und aktuellen Herausforderungen austauschen – im realen Leben oder virtuell. Die Mitglieder haben meist ähnliche Ziele und Projekte und gehen die Vereinbarung ein, sich bei der Umsetzung zu unterstützen. Das machen sie vor allem, indem sie sich gegenseitig erzählen, was sie bis wann schaffen und umsetzen möchten, und sich bei den regelmäßigen Treffen updaten, ob sie ihre Ziele weiterhin verfolgen und wie weit sie bereits gekommen sind. Der große Vorteil von Mastermind-Gruppen ist: Dadurch, dass du jemand anderem von deinen Zielen erzählst, werden sie realer und du fühlst dich eher dazu verpflichtet, sie auch wirklich aktiv zu verfolgen. Jeder, der schon einmal in seinem Freundeskreis stolz erzählt hat, dass er dieses Jahr während der Fastenzeit keine Süßigkeiten essen wird und dann bei jeder Geburtstagsfeier von seinen Freunden liebevoll dran erinnert wurde, während sich alle außer ihm mit Kuchen vollstopften, weiß, wovon ich spreche. Außerdem willst du dir ja nicht die Blöße geben, bei jedem Mastermind-Treffen derjenige zu sein, der zu seinen Vorhaben wieder einmal sagen muss „Habe ich noch nicht umgesetzt“, oder? Also nutze Mastermind-Gruppen dazu, um langfristig an der Umsetzung deiner Projekte und dem Verfolgen deiner Ziele dranzubleiben.

NACHWORT

Das war alles, was ich mit dir teilen wollte. Nun sind wir am Ende dieses Buches angelangt. Ich habe dir einen ganzen Werkzeugkoffer an Tools mitgegeben, der dir dabei helfen wird, ein besseres Leben zu erschaffen. Du musst dir nur noch die für dich passenden Werkzeuge herauspicken und sie anwenden! Tatsächlich habe ich dir alles verraten, was ich selbst weiß und seit Jahren anwende. Mein ganzes Wissen, das ich mir mühsam über die Jahre hinweg durch die Lektüre unzähliger Bücher, dem Hören tausender Podcast-Folgen und dem Besuch vieler Seminare angeeignet habe, steckt in diesem Buch – ganz simpel und übersichtlich zusammengefasst. Alles, was du jetzt noch tun musst, ist dieses Wissen zu nehmen und in die Tat umzusetzen. Denn nicht Wissen alleine ist Macht, sondern angewandtes Wissen. Nun liegt es an dir. Wird dieses Buch ein weiteres Buch sein, das du einmal gelesen hast, welches dir (hoffentlich) ein paar Aha-Momente beschert hat und das dann wieder im Regal verschwindet? Oder wird dieses Buch das Buch sein, das dich endlich in die Umsetzung kommen lässt?

WIE ES JETZT WEITERGEHT

Du willst noch mehr? Kein Problem! Auf meinem Blog „Roadtrip Leben“ findest du bereits über 100 kostenlose Artikel zu Themen wie Persönlichkeitsentwicklung, Spiritualität, digitale Nomaden, Beziehungen – und vieles mehr.

- https://roadtrip-leben.com/

Was auf die Ohren bekommst du im „Roadtrip Leben Podcast“, in dem ich über ähnliche Themen spreche und regelmäßig Menschen, die ebenfalls bereits ihren Traum leben, interviewe.

- Itunes: http://bit.ly/roadtripleben-podcast-apple
- Spotify: http://bit.ly/roadtripleben-podcast-spotify
- YouTube: http://bit.ly/roadtripleben-podcast-youtube

Um keine neuen Artikel oder Podcast-Episoden zu verpassen, kannst du dich auch in meine Newsletter-Liste eintragen und bekommst monatlich ein kostenloses Update mit einem Buchtipp von mir: Der Mindfoodempfehlung des Monats. Auf der nächsten Seite findest du schon einmal zehn Bücher, mit denen du direkt loslegen kannst.

- https://roadtrip-leben.com/downloads/

Du bist aus Österreich? Dann komm in unsere Facebookgruppe „Persönlichkeitsenwicklung & Spiritualität – Austausch Österreich“, in der wir uns über Persönlichkeitsentwicklung und Spiritualität austauschen, uns regelmäßig treffen und uns gegenseitig über Events in Österreich und Umgebung auf dem Laufenden halten.

http://bit.ly/facebookgruppe-oesterreich

WEITERFÜHRENDE LEKTÜRE

- Gespräche mit Gott Band 1 – Neale Donald Walsch

Geschrieben in Dialogform zwischen dem Autor und Gott klärt dieses Buch alle Fragen, die du jemals über das Leben vor und nach dem Tod hattest – so einfach, dass es jeder verstehen und nachvollziehen kann. Der erste Band der Triologie ist eine praktische Anleitung, wie du durch Gedanken, Worte und Taten bewusst deinen Beruf, Beziehungen, Gesundheit usw. so erschaffst, wie du möchtest.

- Die vier Versprechen: Ein Weg zur Freiheit und Würde – Don Miguel Ruiz

Das Buch führt uns vor Augen, wie wir durch unser Umfeld geprägt, limitierende Glaubenssätze entwickeln, die uns von einem erfüllten Leben abhalten. Um sich davon zu lösen und ab sofort ein glücklicheres Leben mit weniger Drama zu führen, schlägt der Autor vor, sich selbst vier Versprechen zu geben, die er in dem Buch darlegt.

- Why not? Inspirationen für ein Leben ohne Wenn und Aber – Lars Amend

In deinem Leben läuft gerade nicht alles so, wie du dir das wünschst? Du hast das Gefühl auf der Stelle zu treten? Dann solltest du dieses Buch lesen. Mit viel Humor erzählt Lars Amend (übrigens Autor von „Dieses bescheuerte Herz“) von seiner Sinnkrise, davon, wie er durch eine Entscheidung sein Leben verändert hat und wie du das auch kannst.

- Ein neues Ich – Dr. Joe Dispenza

Dieses Buch, das ich bereits im Kapitel über Meditation erwähnt habe, erklärt, wie du deine gewohnte Persönlichkeit durch Meditation in vier Wochen wandeln kannst und so neue Gewohnheiten und Glaubenssätze schaffst. Die neuesten Erkenntnisse der Wissenschaft so erklärt, dass sie jeder verstehen kann!

- Denke nach und werde reich – Napoleon Hill

Ein echter Klassiker und ein Must-Read für alle, die sich mit dem Thema Mindset beschäftigen möchten. Im Buch werden 13 Erfolgsprinzipien beschrieben, welche jedem zu Reichtum verhelfen, der sie befolgt. Diese hat der Autor anhand von 500 Interviews mit Millionären ausgearbeitet und sie lassen sich im Grunde nicht nur darauf anwenden, reich zu werden, sondern vielmehr auf jeden Bereich des Lebens.

- Jetzt! Die Kraft der Gegenwart – Eckhart Tolle

Laut Eckhart Tolle ist der Grund aller unserer Sorgen und Ängste unser Verstand oder Ego, welcher sich an der Vergangenheit oder Zukunft festbeißt. Wenn es uns gelingt, uns von ihm zu distanzieren, können wir unseren Verstand beobachten und für einen kurzen Augenblick lang im Moment leben.

- Vollendung in Liebe: Von der Kunst, mit sich und den anderen glücklich zu werden – Don Miguel Ruiz

In diesem Buch wird ausführlich beschrieben, wie wir alle an alten Wunden leiden und damit unsere neuen Beziehungen ruinieren, wie die perfekte Beziehung aussehen würde und wie man sich selbst und damit seine Beziehungen heilt.

- Eine neue Erde: Bewusstseinssprung statt Selbstzerstörung – Eckhart Tolle

Wir Menschen mit unserem krankhaften, ego-zentrierten Bewusstsein zerstören langsam, aber sicher uns selbst und unsere Erde. Laut Eckhart Tolle gibt es aber eine Alternative dazu: Den Weg zur „neuen Erde", den er in dem Buch aufzeigt und den einzelne Menschen auf der ganzen Welt angeblich schon gegangen sind.

- The Secret – das Geheimnis – Rhonda Byrne

Ein Buch über das Gesetz der Anziehung, das eine einfache Anleitung dafür gibt, wie man dieses universelle Gesetz mit drei einfachen Schritten für sich selbst nutzen und mit Hilfe seiner Gedanken seine Realität erschaffen kann. Für alle, die sich für das Thema Manifestation interessieren.

- Komm, ich erzähl dir eine Geschichte – Jorge Bucay

„Kindern erzählt man Geschichten zum Einschlafen – Erwachsenen, damit sie aufwachen."

So der vielversprechende Klappentext des Buches. Und genau darauf zielen die wunderschönen Kurzgeschichten in dem Buch ab: Uns Menschen aufzuwecken.

DANKSAGUNG

Ich möchte mich bei all denjenigen bedanken, die dazu beigetragen haben, dass du dieses Buch heute in den Händen hältst: Zuallererst möchte ich meinen Eltern DANKE sagen: Dafür, dass ihr mich immer dabei unterstützt, meine Träume zu verwirklichen – egal, wie verrückt sie euch auch erscheinen mögen. Ein herzliches Dankeschön geht auch an Noemi, die nicht nur eine meiner besten Freundinnen, sondern auch Deutschlehrerin ist. Sie hat sich, mit dem Rotstift bewaffnet, durch das Manuskript gequält und unter anderem dafür gesorgt, dass die Beistriche in diesem Buch richtig gesetzt sind. Ebenfalls ganz lieben Dank an meine beiden Freundinnen und Testleserinnen Manuela und Stefanie, die mir wertvolles Feedback zur ersten Version dieses Buches gegeben haben. Vielen Dank auch an alle meine fleißigen Blog-Leser und Podcast-Hörerinnen. Ohne euch und eure Nachrichten hätte es dieses Buch nie gegeben. Und nicht zuletzt DANKE an euch, liebe Leser und Leserinnen dieses Buches, dass ihr mir euer Vertrauen geschenkt habt. Denn ein Buch zu veröffentlichen ist nur halb so schön, wenn es niemand liest

QUELLENVERZEICHNIS

Bryne, R. (2007): The Secret – das Geheimnis. München, Wilhelm Goldmann Verlag

Bundesministerium für Arbeit, Soziales, Gesundheit und Konsumentenschutz (2019: Bewegungsempfehlungen Erwachsene. Online, URL: https://www.gesundheit.gv.at/leben/bewegung/gesund-durch-sport/bewegungsempfehlungen-erwachsene

Coaching Report (2019): Unterschied zwischen Coaching und Mentoring. Online, URL: https://www.coaching-report.de/definition-coaching/modelltheoretischer-hintergrund/coaching-vs-mentoring.html

Dispenza, J. (2012): Ein neues Ich. Wie Sie ihre gewohnte Persönlichkeit in vier Wochen wandeln können. Burgrain, KOHA-Verlag

Dweck, C. S. (2016): Mindset. Changing the way you think to fulfil your potential. New York, Ballantine Books

Energetic Enternity (2019) : Das Unterbewusstsein. Online, URL: https://energetic-eternity.de/das-unterbewusstsein/

Feist, C. (2019): Die Wim Hof Atemtechnik – Immunsystem Biohacking. URL: https://cornelius-feist.com/holistic-health-blog/wim-hof-atemtechnik/

Großmann, K. (2018): Alles über Pranayama: Atme das Glück. Online, URL: https://www.yogaeasy.de/artikel/pranayama-die-yogischen-atemuebungen

Hill, N. (2005): Denke nach und werde reich. Kreuzlingen/München, Heinrich Hugendubel Verlag

Karrierebibel (2019): Pomodoro Technik: Produktiver arbeiten in Intervallen. Online, URL: https://karrierebibel.de/pomodoro-technik/

Krengel, M. (2019): Eat That Frog: So schmeckt Zeitmanagement besser! Online, URL: https://www.studienstrategie.de/zeitmanagement/eat-that-frog-zeitmanagement-guter-start-in-den-tag/

Kreusch, Liane (2019): Das Unterbewusstsein programmieren. Online, URL: https://next-me.org/unterbewusstsein-programmieren/

Neobeats (2019): Gehirnwellen-Training mit Neobeats. URL: https://neobeats.de/

Neuro Programmer (2019): Was ist Brainwave Entrainment? Online, URL: https://www.neuro-programmer.de/gehirnwellen/was-ist-entrainment/

NLP-Zentrum Berlin (2019): Was ist Neurolinguistisches Programmieren (NLP)? Online, URL: https://nlp-zentrum-berlin.de/infothek/was-ist-nlp

One Life – live it! (2018): Du gehörst zu den Reichen der Welt! Online, URL: https://www.onelife-liveit.de/2018/10/10/du-geh%C3%B6rst-zu-den-reichen-der-welt/

Stolberg, R. (2018): Biohacking. Dein natürlicher Performance Guide für mehr Fokus, Energie & Achtsamkeit.#

Strelecky, J. (2009): The Big Five for Life. München, Deutscher Taschenbuch Verlag

TEDx Talks (2014): The power of yet | Carol S Dweck | TEDxNorrköping. Online, URL: https://www.youtube.com/watch?v=J-swZaKN2Ic&t=66s

ThetaHealing (2019): Die ThetaHealing Technik. Online, URL: https://thetahealing.de/

Zeit Online (2019): Deutsche werfen jährlich im Schnitt 85 Kilogramm Nahrungsmittel weg. Online, URL: https://www.zeit.de/wissen/2019-05/lebensmittelverschwendung-haushalte-essen-muell-deutschland

Printed in Poland
by Amazon Fulfillment
Poland Sp. z o.o., Wrocław

61598734R00106